民國歷史與文化研究

十八編

第 **10** 冊

弘一法師人格與書法研究（下）

嚴崑晉 著

花木蘭文化事業有限公司

國家圖書館出版品預行編目資料

弘一法師人格與書法研究(下)／嚴崑晉 著 -- 初版 -- 新北市：
花木蘭文化事業有限公司，2024〔民113〕
目 10+154 面；19×26 公分
（民國歷史與文化研究　十八編；第 10 冊）
ISBN 978-626-344-639-7（精裝）
1.CST：釋弘一　2.CST：學術思想　3.CST：書法
628.08　　　　　　　　　　　　　　　　　112022507

ISBN-978-626-344-639-7

9 786263 446397

民國歷史與文化研究
十八編 第 十 冊　　　　　　ISBN：978-626-344-639-7

弘一法師人格與書法研究（下）

作　　者　嚴崑晉
總 編 輯　杜潔祥
副總編輯　楊嘉樂
編輯主任　許郁翎
編　　輯　潘玟靜、蔡正宣　美術編輯　陳逸婷
出　　版　花木蘭文化事業有限公司
發 行 人　高小娟
聯絡地址　235　新北市中和區中安街七二號十三樓
　　　　　電話：02-2923-1455／傳真：02-2923-1452
網　　址　http://www.huamulan.tw 信箱 service@huamulans.com
印　　刷　普羅文化出版廣告事業
初　　版　2024 年 3 月
定　　價　十八編 22 冊（精裝）新台幣 55,000 元

弘一法師人格與書法研究(下)

嚴崑晉　著

目

次

第四章　弘一法師的書法

　　從第二章弘一法師的生平可知，在書法學習方面，李叔同從七歲起拿整張紙練習，十三歲開始臨摹篆帖，出家以後，仍以寫字作為廣結善緣、弘法利生的方式，直至圓寂，其書法生涯相當地漫長。

　　今人論及李叔同書法，或分階段或分時期，從而具體概說其學書歷程。陳慧劍先生將李叔同書風分為三期：早期（三十九歲出家前）、中期（三十九歲出家後至五十五歲）、晚期（五十六歲至六十三歲），〔註 1〕而陳祥耀對李叔同出家後的書法風格分作三階段：「法師近來所創書體之演進，吾從其作品上觀察，似有三階段在：其初由碑覺（當是學字之誤）脫化而來，體勢較矮，肉較多；其後肉漸減，氣漸收，力漸凝，變成較方較楷的一派；數年來結構乃由方楷而變為長，骨肉由飽滿而變為瘦硬，氣韻由沉雄而變為清拔，冶成其曼曼獨造的整個人格的表現的歸真返樸超塵入妙的書境。」〔註 2〕陳氏的三階段是從筆畫、結構、氣韻之變化而作畫分，較為抽象籠統，林子青在〈漫談弘一法師的書法〉一文中，基本上延用此一觀點。〔註 3〕

　　柯文輝亦是將李叔同書法發展分為三個階段，三十九歲以前（出家前）為「前期」，自出家至五十歲左右為「中期」，晚年為「後期」。〔註 4〕後來，又修

〔註 1〕陳慧劍：〈弘一大師身後遺存「字、畫、印」的幾個相關問題〉，《弘一大師論》，頁 401～454。

〔註 2〕陳祥耀：〈弘一法師在閩南〉，《弘一大師永懷錄》，頁 201～203。

〔註 3〕林子青．〈漫談弘一法師的書法〉，《弘一法師書法集·序言之二》（上海：上海書畫出版社，1993 年），2～4 頁。該文於 1962 年 10 月 13 日，弘一法師逝世二十週年紀念日，寫於北京。

〔註 4〕柯文輝：〈弘一法師書法集序〉，《弘一法師書法集·序言之四》，5～9 頁。

正自己的觀點，以 1918 年 7 月 13 日出家披剃為「分水嶺」，分作「前期」與「後期」；「分水嶺兩旁，前期後段，後期前段，從醞釀變格，到穩定的新風出現，有個過渡的中期，延續十年左右」。〔註5〕出家前為「前期」，出家後至晚年前為「中期」，晚年為「後期」，三期皆沒有具體的年限作劃分。

杜忠誥則認為：「綜觀弘一大師的傳世墨跡，其一生之書藝創作，以正式剃度那一年為界，可分為出家前與出家後兩大階段。而出家後的一個階段，依創作發展及作品風格分，又有初期、中期與晚期之別。故整體大致可分為四個時期：（一）三十九歲出家以前為第一期……（二）三十九歲至四十八歲為第二期……（三）四十九歲至五十四歲為第三期……（四）五十歲至六十三歲圓寂為第四期」。〔註6〕杜氏將三十九歲出家前畫分為一期，對李叔同早年學書歷程未能給出分期。

李璧苑則先分出家前與出家後兩個階段，自幼至出家前為學書歷程，分作三個時期：天津時期（1880～1898）、上海時期（1898～1905）、杭州時期（1912～1918）；出家後從其書作之字形、用筆的轉變，概分出家後書藝風格之發展約有三期：蘊育期：臨古的綜合影響（1918～1929）、成熟期：字形較方且中、側鋒用筆平行發展的二系（1930～1932）、圓融期：延續中鋒用筆而字形清瘦的作風（1932～1943）（按：應為 1942，原誤如此）。〔註7〕李氏之劃分，出家前著重在書藝之學習，著墨於書風者較少。出家後則以書風變化而作區分，嚴格地講，真正論及李叔同書法風格之處，李氏只偏重在出家之後的變化。

方愛龍是以一九一八年農曆七月十三日（公曆八月十九日）剃度出家為界限，分為兩大階段，出家前的「俗書」階段（1880～1918），與出家後的「僧書」階段（1918～1942）。在「俗書」階段，劃分為三期：津門：起步期（1898 年秋以前）、滬上：發展期（1898 年秋～1905 年夏）、留學日本：變化期（1911 年春歸國～1918 年夏執教）；在「僧書」階段，劃分為五期：「前僧書」時期（1918 秋～1923）、變法探索期（1924～1927）、「弘一體」形成期（1928～1932）、「弘一體」成熟期（1933～1942）、「返樸歸真」期（1942

〔註 5〕柯文輝：〈靈機內斂清風外流──論弘一的書法〉，《書法》2017 年第 9 期，2017年 9 月，頁 56～67。

〔註 6〕杜忠誥：〈弘一大師書藝管窺〉，《弘一大師有關人物論文集》，頁 451～479。

〔註 7〕李璧苑：〈弘一大師書法風格之研究〉，《美育月刊》第 79 期，1997 年 1 月，頁 1～22。

年 10 月 7 日至 10 日）。〔註8〕

　　方氏之書風分期是筆者目前所見較為具體而詳細者。不過，筆者倒是認為李叔同書作不必強調僧俗之別，且所謂「前僧書」亦只是前期書風之延續而已，何必因身份轉換而新立名詞。而「俗書」階段中的「留學日本：變化期」，倒是李叔同魏碑書風初形成之時，「僧書」階段中的「前僧書時期」，可視為其魏碑書風成熟時期，「變法探索期」亦可視為魏碑體書風變化時期，如此可以在不強調僧俗書風之別的前提下，為李叔同書作書風作分期。另外，方氏將最後臨終絕筆之作視為「返樸歸真」時期，為其創見，然此間僅有四天，列為一期似乎太短，而且只有一件書蹟，談不上一個時期的書風變化。其實成熟期的「弘一體」就已經是達到返樸歸真的境界了，不必因最後絕筆四字而另立一期。

　　周延將李叔同之墨蹟分為三類：信札、寫經、寫件，其中寫件是指對聯、條幅之類的作品。對於書風分期以信札為主，概分為出家前與出家後兩大階段，出家階段又分論出家時、永寧期間碑帖之變、《護生畫集》、白馬湖時期與晚年作品。出家前書風變化論及寫件風格與信札風格兩部分，其中信札風格又分為少年期（1896～1899）與青年期（1906～1918）。其次探討 1918 年出家時的風格突變，主要表現在寫給夏丏尊與葉為銘的兩封信上。之後從 1920 年至 1924 年四年之間是弘一法師書法風格發生巨變的時期，可考的信札墨蹟至少有 33 封，周氏從些信札中仔細比對，說明書風發生巨變的原因與變化的特徵、過程。接著探討《護生畫集》的書風、白馬湖時期（1929～1932）四年的書風變化，最後論及晚年作品之書作特色。周氏對書風之探討主要以信札為主，又夾雜寫件、寫經作對比，論述過程十分繁瑣，對書風分期不容易得出一個具體的劃分，但相對於目前學者對李叔同書風分期之提出，多以大件書作為主，周延之研究正好可彌補這方面之不足。〔註9〕

　　總而言之，李叔同之書藝書風發展，在從師學藝開始至魏碑書風成熟後，因剃度出家而逐漸變化，走向弘一體形成以至成熟的歷程。故筆者以披剃出家為界，大分為兩階段，出家前與出家後。出家前書藝發展配合生平可大分

〔註8〕方愛龍：〈弘一書風分期問題再探討〉，《中國書法》2015 年第 7 期（總第 267 期），2015 年 7 月，頁 22～47。

〔註9〕周延：〈弘一法師書法風格的分期及演變〉，《中華書畫家‧傳世經典》2018 年第 10 期（總第 108 期），2018 年 10 月，頁 11～67。

為四期：天津：書藝奠基時期（1887～1898）、上海：臨古書風時期（1898～1905）、留日：魏碑書風形成時期（1905～1911）、歸國：魏碑書風發展時期（1911～1918）。出家後不依地區而依書風變化分為三期：魏碑書風變化時期（1918～1928）、弘一體形成時期（1929～1932）、弘一體成熟時期（1933～1942），然後論述最後絕筆意欲表達之意旨與書寫心境，以完整說明弘一法師之書風發展歷程。

第一節　出家前

李叔同生於清代末年，碑派書法已是書壇主流，其理論與書法深入人心，影響之大，遠及海外朝鮮、日本等國，學書從碑入手已成為習書者之不二法門。光緒十七年（1891），康有為《廣藝舟雙楫》問世，立即引起國內外書壇之重視，影響遠播日本。同時期葉昌熾《語石》一書，對歷代碑刻從淵源制度、文字內容、書法風格、摹拓技術、收藏流傳到遺聞軼事各方面詳加記述，是研究清代碑學之重要著作。此外，當時以書法著名者如沈曾植、鄭孝胥、李瑞清等，既於碑派書法身體力行，論書亦持碑學觀點。〔註10〕在此大環境下，分述李叔同出家前之學書歷程：

一、天津：書藝奠基時期（1887～1898）

天津成長時期是李叔同學習書藝的起步階段。李叔同從七歲起開始練習寫字，〔註11〕《新譜》又記其十三歲開始臨摹篆帖，一直到十七歲才正式從師。由於李叔同的童年和少年時代是在管家兼錢鋪帳房先生徐耀廷的陪伴下成長，在正式從師之前這段期間，書畫篆刻的啟蒙者，非徐管家莫屬。

徐耀廷（1857～1946），名恩煜，字耀廷，又字藥庭、月亭，以字耀廷行於世。祖籍河北鹽山，世居天津。徐家距李叔同出生地和成長的李家大宅院都很近。徐耀庭兄弟三人，長兄恩炘，字子明，有舊學根底，並擅長書畫，係天津一名畫家。耀廷受長兄子明薰陶，亦擅於書畫篆刻，在當時有一定影響力，鄉里稱他為「徐五爺」（耀廷大排行五）。十幾歲起就到李家做事，為李家效勞

〔註10〕劉恒：《中國書法史‧清代》，頁9。張光賓編著：《中華書法史》，頁274。
〔註11〕李叔同：〈青年佛徒應注意的四項〉，《中國人的禪修》（北京：金城出版，2014年），頁55：「七歲我練習寫字，拿整張的紙瞎寫，一點不知愛惜」。

了大半生。〔註12〕

　　李叔同尊稱大他二十三歲的徐管家「五哥」、「老哥」、「徐五爺」，兩人朝夕相處，感情融洽。至於徐耀廷如何教導李叔同學習書畫篆刻，已無從得知，但從現存的李叔同寫給徐耀廷的信件內容或許可窺知一二。

　　光緒二十二年丙申（1896），徐耀廷去張垣辦理李家事務將近一年的時間，這期間李叔同寫給徐耀廷的信件就有十七封之多。內容常聊些周邊人事、日常瑣事，連刮風下雪都一一告知；遇有疑惑或不滿之事，必對徐五爺說個痛快；個人對未來有什麼打算，也是第一個向徐五爺說，可見兩人是無話不說的忘年之交，也因此徐耀廷對李叔同人格之形成，有著一定程度的影響。李載道在〈徐耀廷與弘一大師之因緣〉一文中說道：

> 據徐耀廷後裔回憶，徐耀廷不僅繼承了家學，而且繼承了中華民族
> 優良傳統美德，他心地善良，有一顆樂善好施、慈悲為懷的心腸，
> 他為人正直，做事認真，勤奮好學。徐耀廷和李叔同倆人相處日久，
> 感情甚篤，無話不說；李叔同常是親暱地向徐耀廷說些笑話和牢騷
> 話，以發洩胸懷。李叔同遇到什麼困難事，他請徐耀廷幫助。徐耀
> 廷也樂於幫助他，也常常給以善惡的分析，正確的引導。〔註13〕

童年和少年時期的李叔同，陪伴在身邊的是一位有道德操守的良善之人，可以作為榜樣，而在其成長過程中儘管會有不滿、疑惑、牢騷或遇到困難，徐耀廷適時的予以善惡分析與正確引導，對李叔同人格的形成，肯定有著相當重要的影響。

　　此外，書信內容更多的是請教篆刻之事、請託購買印材、出版印冊等事。如光緒二十二年丙申（1896）舊曆五月中旬至八月下旬，計有九封信，附上自己所刻石章與印稿，請徐耀廷指教。〔註14〕

　　李叔同亦好篆隸帖與圖章、鐵筆，曾於同年舊曆七月十五日致信徐耀廷：「閣下在東口（可能即張家口市），有圖章即買數十塊。如無有，俟回津時路過京都，祈買來亦可，愈多愈好。并祈在京都買鐵筆數枝，并有好篆帖，

〔註12〕李載道：〈徐耀廷與弘一大師之因緣〉，《弘一大師有關人物論文集》，頁 1～12。
〔註13〕李載道：〈徐耀廷與弘一大師之因緣〉，《弘一大師有關人物論文集》，頁 8～9。
〔註14〕《弘一大師全集》編輯委員會編：《弘一大師全集・八》，頁 79～82：第三、四、六、七、十一、十二、十三、十四、十七。

亦祈捎來數十部，價昂無礙，千萬別忘！」〔註15〕

從買圖章數十塊、鐵筆數枝、好篆帖數十部、「愈多愈好」、「價昂無礙」，而且過不久又捎兩封信去提醒他：「千萬別忘」、「要緊要緊，別忘別忘，非此不可」，〔註16〕可見李叔同學習的熱情與用功之勤。

在有一定的書法與篆刻基礎前提下，李叔同十七歲（1896）開始正式師從趙元禮與唐靜岩（又作敬嚴）。

趙元禮（1868～1939），字體仁，又字幼梅，號藏齋，直隸天津人。自十九歲入庠為優廩生，屢試不第，只得以教家館為業。早年投身實業，晚年與嚴修（1860～1929）、王守恂（1865～1936）、林墨青（1862～1933）等津門詩友，先後組成城南詩社、星二社和儔社等社團，詩酒酬唱，感嘆平生，有《藏齋詩集》十三卷、《藏齋詩話》、《藏齋隨筆》等著作。

在詩趣上，推崇蘇東坡，因不工倚聲，向李叔同主要以蘇詩相授。〔註17〕趙元禮不但精於詩文，更以擅長蘇東坡行書聞名於津門，與華世奎（1863～1941）、孟廣慧（1861～1940）、嚴修，並稱為「天津近代四大書家」。〔註18〕因此對李叔同早期書風定有影響。

趙元禮的文藝觀也對李叔同帶來一定的影響。趙氏將書法與書家人格之關係概括為「字與人同」，並作進一步的說明：

> 看字方式，與看人之方式相同。有甲乙兩人來求事，甲則言語清晰，行動整肅，乙則言語雜亂，行動懈弛，予欲用人，必取甲而絀乙也明矣。字之點畫不苟，猶人之言語清晰也，字之結構不散，猶人之行動整肅也。不研究寫字則已，若研究寫字，聖人復起，不易吾言。〔註19〕

趙氏之認為字的點畫結構就相當於人的言語行動，所以看字如看人，字與人同。既然趙氏是如此解析字與人之關係，必以此理論教導後輩晚生，李叔同定

〔註15〕《弘一大師全集‧八》，頁81：第十通。

〔註16〕《弘一大師全集‧八》，頁81：第十一通（一八九六年舊七月廿一日），頁82：第十三通（一八九六年舊八月初五日）。

〔註17〕金梅：《李叔同影事》，頁22～23。

〔註18〕劉士剛：〈翰墨競秀 名手如林——近現代天津書壇略述〉，《收藏家》，2006年第3期，2006年3月，頁65～70。

〔註19〕劉炎臣：〈趙元禮生平事略〉，《天津文史資料選輯》（天津：天津人民出版社，十二冊，1978年起）第四十九期，1990年。劉抗洪：〈獨門蘇體秀津城——試論趙元禮其人其書〉，《書法》2018年第10期，2018年10月，頁112～115。

然謹遵教誨。

在從師趙元禮前後，還師從金石書畫名家唐靜岩，開始較為系統地學習篆隸和魏碑書法。唐靜岩（1823？～1898？），名育垕，又名毓厚，號湖陵山樵等，以字行。原籍浙江，久居天津。

關於唐靜岩之文獻資料甚少，有關行誼，以津門書法家龔望先生說得詳細，在〈李叔同金石書畫師承略述〉一文中說，唐早歲書學唐隸，繼又改學秦漢，但一時難脫先入為主帶來的唐隸之習；後終以探源之力，博涉之功，洗盡唐隸之習。有《頤壽堂印譜》一卷存世。龔望先生評論其篆刻深穩，有秦漢風度，尤以轉折處有《天發神讖》意。〔註20〕方愛龍亦指出，唐靜岩書法是晚清典型的碑派作風，從而奠定李叔同篆隸和魏碑在早期書法上的成就。〔註21〕

李叔同亦好古，對唐師頗為推重偏愛，在從唐師學習之際，為學有所本，博采眾長，曾拿二十四張空白冊頁，請唐師為書鍾鼎、篆、隸、八分等書體，作為自己臨摹之對象，同時將其結集為一冊刊行，以篆書題簽冊名為《唐靜岩司馬真蹟》（圖29），下署「當湖李成蹊署」，冊後鈐上自刻的「叔同過目」篆字印章，唐師則自作一跋語，敘述這一藝事的經過，可謂美事一樁。〔註22〕

通過師從趙師、唐師，李叔同結識天津名人嚴修，而嚴修與華世奎係髮小，後又結為親家，同名列民初津門四大書家之中，李叔同也因此結識華世奎。嚴修之父仁波公與李叔同之父筱樓公，在清同治間已開始交往友善，李、嚴兩家係世交，雖然李叔同比嚴修晚生二十年，非同時代人，但李叔同時常去拜見嚴修和華世奎，談書論道，揮毫遣興，深獲講貫之益。〔註23〕

〔註20〕金梅：《李叔同影事》，頁26。

〔註21〕方愛龍：《殷紅絢彩——李叔同傳》，頁21。

〔註22〕唐育垕〈唐靜岩司馬真蹟後記〉：「李子叔同，好古主也，尤偏愛拙書。因出素冊念四幀，囑書鍾鼎篆隸八分書，以作規模。情意殷殷，堅不容辭。余年來老病頻增，精神漸減；加以酬應無暇，以致筆墨久荒。重以臺命，遂偷閒為臨一二幀，積日既久，始獲蒇事。塗鴉之誚，不免貽笑方家耳。時丙申（1896）夏月，湖陵山樵唐育厚橅於頤壽堂。」《弘一大師新譜》，頁23。

〔註23〕李莉娜：〈津門書家華士奎與嚴修〉，《中國書法》2014年08期總256期，2014年8月，頁190～191。金梅：〈著名教育家嚴修的關愛〉，《李叔同影事》，頁28～33。

圖29　1896年，17歲，李叔同《唐靜岩司馬真蹟》題簽（篆書）

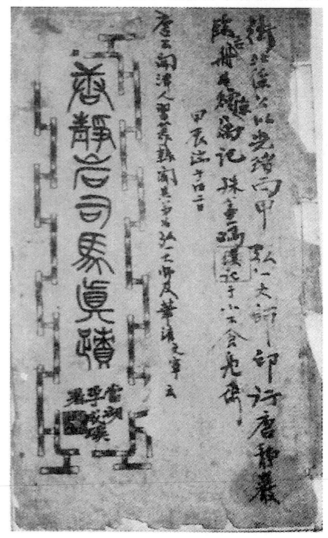

出處：《李叔同影事》

　　另一位津門四大書家之一的孟廣慧，李叔同少年時期即與孟廣慧友善，兩
人之間交游有七、八年之久，要說孟廣慧對李叔同的影響，在於李書法起步階
段，就能像孟廣慧那樣追溯源頭，在篆隸上下工夫。〔註24〕除了津門四大書家
之外，李叔同還結識多位津門藝友，如姚惜雲在〈李叔同與我家之關係〉中所
提到：

　　　　他……與當時社會名流，如金石家王襄（綸閣），書法家孟廣慧（定

〔註24〕金梅：〈津門藝友〉，《李叔同影事》，頁41。

生)、華世奎(弼臣),畫家馬家桐(景含)、徐士珍(寶如)、李采繁,詩人王新銘(吟笙),印人王釗(雪民)諸賢,均有來往,終年盤桓,不恥下問,學與日增。但是個人見解,另有獨到之處,所以他的詩、詞、書、畫、印刻無一不精。此外對古今金石、文玩、碑帖、字畫之真贗,有鑒別能力,百無一失。在清光緒二十六年(1900)前,公認為天津一才子。〔註25〕

一邊師從津門名師趙元禮、唐靜岩,一邊又與津門著名書畫印等名流學者專家相過從,切磋請益,使得未及弱冠之年的李叔同,無論國學根柢、詩文寫作、金石書藝,在同儕中脫穎而出,公認為天津一才子。日後遷居上海能得城南文社盟主賞識,特闢草堂邀其一家人同住,足以說明李叔同在天津成長時期已打下了厚實的基礎。

這一時期的傳世書蹟已不多見,見於著錄者有前述的《唐靜岩司馬真蹟》題簽(篆書),其次有致徐耀廷十九通書札(圖30)、〈衛生金鏡篆書四條屏〉(1897前後,篆書)(圖31)。

圖30 1896年起,李叔同致徐耀廷十九通信札之第二通

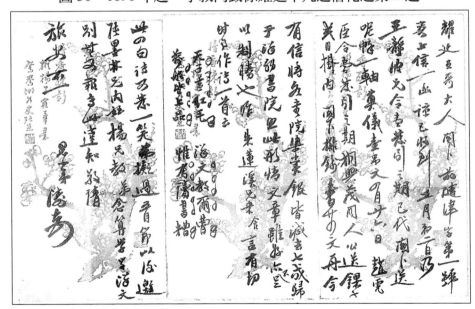

出處:《弘一大師全集·八》

〔註25〕據金梅考證,姚惜雲乃李叔同仲兄桐岡內侄,上述不少與李叔同有關的人物,他倆是相識的,因此其所記述是可信的。姚惜雲這段記述亦轉引自金梅考證之文,見《李叔同影事》頁45。

圖 31　李叔同〈衛生金鏡篆書四條屏〉

出處:《中國書法全集·李叔同　馬一浮》

二、上海:臨古書風時期（1898～1905）

　　李叔同初抵上海尚未參加城南文社之前，曾於報刊發表篆刻作品與鬻書篆刻潤例，光緒二十五年己亥舊曆八月二十一日（1899 年 9 月 25 日），《中外日報》在「後起之秀」廣告中刊登李叔同之篆刻作品「後來居上」一印，與一則鬻書篆刻潤例。從這篇潤例可以得知其書法學習之主要取法對象:

　　　李漱筒，當湖名士也。年十三，輒以書法篆刻名於鄉。書則四
　　體兼擅:篆法完白，隸法見山，行法蘇、黃，楷法隋、魏。篆刻則獨
　　宗浙派。成童游燕，鴻印留題，人爭寶貴。今歲才弱冠，來游滬濱，
　　詩酒餘暇，雅欲與當代諸公廣結翰墨因緣。綴潤如下:

　　　書扇，五角;楹帖，一元。堂幅諸例，均詳仿單。三日取件。

篆刻石章，每字二角半。

　　件交「便覽報館」、「游戲報館」、「理文軒書莊」、「九華堂」、「錦雲堂」代收。〔註26〕

在這則潤例的書篆學習簡歷中，說明幾件事。一是，出生籍貫與身份是「當湖名士」，表明自己是浙江平湖的有名讀書人；此處李叔同表明自己的籍貫在浙江平湖，可作為研究李家籍貫問題之佐證。二是，擅於書法篆刻之聲名於十三歲時即已名揚津門。這在前一期已說明，誠不虛言。三是，在書法方面專擅篆、隸、楷、行四體，且確定各體之取法對象：「篆法完白，隸法見山，行法蘇、黃，楷法隋、魏」。這部分留待後文分說。四是，篆刻獨宗「浙派」。

　　丁敬（1696～1765）為浙派鼻祖，其繼承並發展了朱簡朱文短刀碎切的刀法，並進一步發展成為切刀風格，行刀波磔而進，鋒棱畢現，線條古拗峭折，迥異於時流的甜熟流滑，富有很強的金石味。

　　之後繼而起者，先有蔣仁（1743～1795）、黃易（1744～1802）、奚岡（1746～1803）三人，與丁敬被稱為「西泠四家」。四家之後，又有陳豫鍾（1762～1806）、陳鴻壽（1768～1822）、趙之琛（1781～1852）、錢松（1818～1860）四人被稱為「西泠後四家」。此「西泠八家」皆是以杭州為中心的篆刻流派，故篆刻風格被稱為「浙派篆刻」，簡稱為「浙派」。大抵在治印上宗漢法而參以隸意，講究刀法，善用切刀以表達筆意，影響深遠，開啟近代篆刻，引領中國印壇一個多世紀。〔註27〕

　　由於李叔同在書篆取法對象部份的陳述相當簡要，有必要再多作些說明。「篆法完白」，指在篆體的學習上，以鄧石如為學習對象。

　　鄧石如（1743～1805）初名琰，字石如。避仁宗諱以字行，改字頑白。以家集賢關，當皖公山下，故號完白山人，又號笈游山人。安徽懷寧人，為清代書法巨擘。

　　鄧石如篆書在清代乾嘉時期的書壇上，以突破王澍（1668～1743）一派之基調，而獲時譽稱頌。當時學習篆書多以王澍為法，固守鐵線玉箸之說，務以勻稱光潔為要，其末流借助燒毫截鋒，不擇手段，至使篆書一藝，拘謹靡弱，了無生氣。鄧石如縱臨秦漢以來各家之作，尤得力於漢人碑刻，從漢

〔註26〕郭長海：〈李叔同早年事迹別錄〉，《天津文史資料選輯　李叔同研究專輯》，1999年10月，頁83。
〔註27〕李剛田、馬士達主編：《篆刻學》（南京：江蘇教育出版社，2009年），頁224～232。

碑額篆書中吸取婉轉飄動的意趣，又稍以隸書筆意摻入其中，字形方圓互用，姿態新穎，用筆靈活穩健，骨力堅韌，一掃當時呆板纖弱、單調雷同的積習。〔註28〕其篆書風格，可於其代表作〈篆書白氏草堂記六屏〉（圖 32）中領略一二。

圖 32　鄧石如〈篆書白氏草堂記六屏〉

出處：《二玄社・中國法書選・鄧石如集》

鄧石如於篆書曾臨寫〈石鼓文〉、李斯〈嶧山碑〉、〈泰山刻石〉、漢〈開母廟石闕銘〉、《敦煌太守碑》、三國吳蘇建〈禪國山碑〉及皇象〈天發神讖碑〉、李陽冰〈城隍廟碑〉、〈三墳記〉，每種臨摹各百本，手寫《說文解字》三十本，復旁搜三代鍾鼎及秦漢瓦當碑額，以縱其勢，五年篆書成。〔註29〕

　　李叔同在篆書學習上既以鄧石如為對象，自然須臨摹其書作，而且還應當臨摹鄧石如在篆書方面曾臨摹過的碑帖。這些在日後的《李息翁臨古法書》中，可找得到對應之作品，如〈石鼓文〉、〈嶧山碑〉、〈天發神讖碑〉等等，而上一期的著錄書蹟〈衛生金鏡篆書四條屏〉，即是取法鄧石如之代表作。

　　「隸法見山」，在隸書的學習上以晚清楊峴為主。楊峴（1819～1896），字

〔註28〕劉恒：《中國書法史・清代》（南京：江蘇教育出版社，2009 年），頁 173～174。
〔註29〕劉恒：《中國書法史・清代》，頁 172。

見山，又字季仇，號庸齋、藐翁、遲鴻軒主等。歸安（今浙江湖州）人。楊峴於書法上專攻隸書，除取法廣泛，臨習勤奮外，一反前人學漢碑取其方整嚴密之習，師法〈石門頌〉，專以聚散離合、舒展開張為能事。行筆常以頓挫求遲澀之趣，以振抖之法展提按擺盪之姿；字形往往採取上部緊密、下部疏朗之處理，強調疏密、縱放之對比。尤其是撇、捺及長豎等筆畫，左右伸展，波挑飛揚，將漢碑雍容端莊轉變成一種活潑、神采煥發之形象，因而被人稱為是用草法寫隸書。楊峴晚年居家後，以鬻字為生，在蘇州、上海一帶書名大盛，作品流傳甚多，其隸書風格對晚清書壇影響很大。〔註30〕（圖33）

圖33　楊峴〈延友極雅隸書六言聯〉

出處：《書道講座第 7 卷隸書》

〔註30〕劉恒：《中國書法史·清代》，頁 211～212。

　　李叔同師法楊見山應是在遷居上海之前，一來固然由於楊氏以隸書名重一時之客觀因素，其次李叔同於天津時應有條件得以見到楊見山書蹟為一不可或缺的必要因素。據方愛龍考證，楊見山曾兩度到過天津，一是在同治六年（1867）蒙曾國藩（1811～1872）保舉而出仕直隸州知府，在任時間大約一年左右；第二次是在光緒七年（1881），因漕運粗米而赴天津，第二年即辭任。楊見山兩次北上，當在天津留下墨寶，時李叔同父親筱樓公尚健在，而楊見山曾入李鴻章幕府，筱樓公也與李鴻章是鄉試同年，加之筱樓公進士出身，曾官至吏部主事，且是當時天津鹽商巨富，楊見山或與筱樓公有交誼，筱樓公也許曾得到楊見山的墨蹟。惜文獻缺乏，只能作此推測。而目前傳世的李叔同早期書作，有兩件是在遷居上海之後，寫贈給徐耀廷，一方面向他請教，一方面傳達思念之情。此二件分別是：〈淮源廟碑節文隸書四條屏〉（1899）及〈曹全碑節文隸書條幅〉（1899）（圖 34），此二件書蹟在《天津文史》於 1999 年 10 月出版「李叔同專輯」時，是視為李叔同早期之書法創作，而非臨摹之作。經方愛龍考證，確定是臨摹楊峴隸書之作而非創作。〔註31〕從這兩件書蹟可見李叔同對楊峴書風之掌握相當精準，尤其是振抖之法，成為日後李叔同書作的特色之一。

　　「行法蘇、黃」，行書效法蘇軾、黃庭堅。蘇軾（1037～1101），字子瞻，又字和仲，號東坡，眉州眉山（今四川眉山縣）人，是中國文學史上寥寥可數的全才之一，人人景仰。在書法方面，其一生的書風大致可分為三個階段。早期主要從王羲之及晉人入手，中期轉學顏真卿、楊凝式，晚期傾心於李邕。從時間上分，流貶廣州之前及黃州前期，可視為早期；元豐五年（1082）以後和元祐年間可視為中期；紹聖元年（1094）再次南貶時，則歸入晚期書風。早期書風，字形娟秀瘦長，筆意優雅從容；中期書風，體勢稍加豐厚，如其書〈前赤壁賦〉（圖 35）；晚期書風，縱橫矯健，用筆、章法較趨一致，豐肥、欹側更加明顯。綜而言之，在抒情與個性表現上有過人之處，歷代不乏佳評。〔註32〕

〔註31〕方愛龍：〈隸法見山：關於兩件李叔同早期隸書作品的考察報告〉，《杭州師範學院學報（社會科學版）》，2008 年第 1 期，頁 66～69。

〔註32〕盧廷清：〈論蘇軾書法〉，《書藝珍品賞析‧兩宋系列‧蘇軾》（臺北：石頭出版社，2004 年），頁 30。

圖 34　李叔同〈臨楊峴隸書曹全碑節文〉

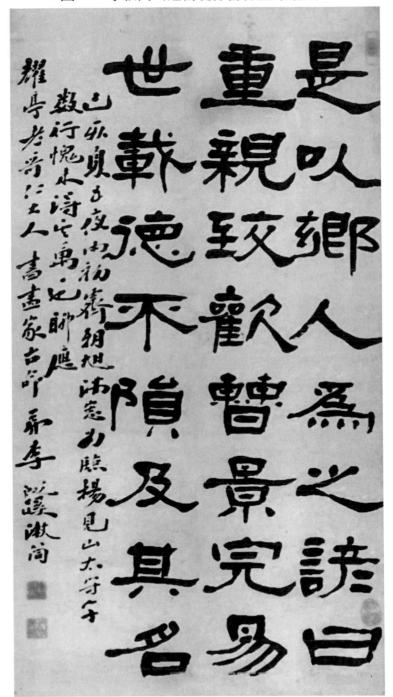

出處：書法報網站

圖 35　蘇軾書〈前赤壁賦〉（局部）

出處：《二玄社‧中國法書選‧蘇軾集》

　　黃庭堅（1045～1105），字魯直，又號涪翁、山谷。江西分寧（今江西修水縣）人。極富文采，詩與蘇軾齊名，世稱「蘇黃」，並以杜甫為宗，為當時江西詩派之首。黃庭堅的書法成就主要表現在行、草書上。不拘前賢書體規範，用筆縱橫奇恣、藏頭護尾，表現出剛健、豪爽、骨力圓勁的力度，予人挺拔秀美的審美感染，如其代表作〈松風閣〉（圖 36），故李瑞清評稱：「魯直書，無一筆不自空中蕩漾，而又沉著痛快，可以上悟漢、晉，下開元明。」相較於蘇字豐肥圓潤、左舒右緊，得天真爛漫之趣，山谷之字每於豪宕中見逸韻的書風，足以拓展後學者視野。〔註 33〕

　　李叔同行書臨學蘇軾，當是受臨學劉墉與從師趙元禮兩者之影響，如前所述。至於李叔同會臨學黃庭堅，應當是受楊峴影響。楊峴曾在黃庭堅冥誕之日與好友飲酒賦詩時，以黃庭堅〈王充道送水仙花五十枝〉韻與最後結語賦詩一首，表現對黃庭堅之景仰與喜愛。〔註 34〕雖然楊峴從未提及書學黃庭堅，但黃

〔註33〕 王克文：〈天才逸群、心法無軌〉，《書藝珍品賞析‧兩宋系列‧黃庭堅》，頁 30。

〔註34〕 〔清〕楊峴〈六月十二日涪翁生日用集中水仙花韻〉：「仙人貪嬾腳罷韈，醉倚樓頭罵明月。涪翁已逐明月去，齦齦諸公亦奇絕。開筵薦芷風滿城，酒杯到手皆兄弟。不信天上有蒼狗，出門一笑大江橫。」《遲鴻軒詩棄卷二》，收錄於《叢書集成續編》第 159 冊（臺北：新文豐出版社，1989 年），頁 688。

庭堅晚年從蕩槳者領悟筆法，其長筆恣意、撇捺擺蕩、縱橫舒張、四面出鋒的用筆之法，應帶給楊峴不少啟示。

圖 36　黃庭堅〈松風閣〉（局部）

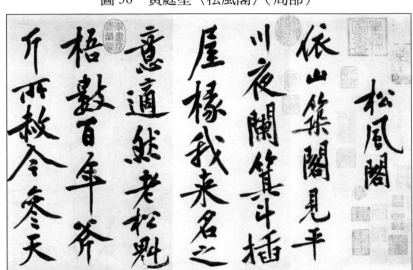

出處：《二玄社・中國法書選・黃庭堅集》

目前李叔同傳世書蹟中有兩件自上海寄給徐耀廷的書作，皆是以蘇體寫贈：〈仿東坡筆意節錄王次回問答詞卷〉（1899）（圖 37）、〈蘇體行書袁枚八十自壽詩〉（未誌紀年）。而日後出版的《李息翁臨古法書》亦有臨黃庭堅〈松風閣〉（圖 38）、〈荊州帖〉之作。

圖 37　1899 年，20 歲，李叔同〈仿東坡筆意節錄王次回問答詞卷〉

出處：《中國書法全集・李叔同馬一浮》

圖 38　李叔同臨黃庭堅〈松風閣〉（局部）

出處：《弘一法師翰墨因緣》

「楷法隋、魏」，則說明李叔同在楷書上的學習是直承碑學一路。碑學在清代中期興起，經包世臣以至康有為的鼓吹和推動，至清末民初的書壇已是碑派書法的天下，如康有為所說：「此學如日中天。迄於咸、同，碑學大播，三尺之童，十室之社，莫不口北碑，寫魏體，蓋俗尚成矣。」〔註35〕康氏主張：「凡魏碑，隨取一家皆足成體，盡合諸家，則為具美。」〔註36〕因此康氏總結魏碑具有十美：魄力雄強、氣象渾穆、筆法跳躍、點畫峻厚、意態奇逸、精神飛動、興趣酣足、骨法洞達、結構天成、血肉豐美。〔註37〕

另外，康氏在盛讚魏碑時，繼而提出「取隋」之主張，主因在於「隋碑內承周、齊峻整之緒，外收梁、陳綿麗之風，故簡要清通，匯成一局，淳樸未除，精能不露。」隋碑高峻整飭的體制格局承繼於周、齊，而精美華麗的風格是接續梁、陳而來。換句話說，隋碑可以說是聚集了六朝傳留下來的風教餘緒，從而「大開唐風」。總之，在康氏看來，魏、隋兩朝古碑皆是足以取法者。

李叔同曾刻「南海康君是吾師」一印，除贊同其維新思想外，亦是對其書

〔註35〕〔清〕康有為：《廣藝舟雙楫·尊碑第二》，收錄於潘運告主編：《晚清書論》（長沙：湖南美術出版社，2004年），頁202。

〔註36〕〔清〕康有為：《廣藝舟雙楫·備魏第十》，《晚清書論》，頁313。

〔註37〕〔清〕康有為：《廣藝舟雙楫·十六宗第十六》，《晚清書論》，頁369。

學主張之服膺與實踐。從光緒三十年（1904）年寫贈徐耀廷求其賜教的〈青史紅顏五言楷書聯〉（圖39）來看，結構緊密，體勢開張，用筆厚重雄強，筆畫方折堅硬，有棱有角，可見李叔同在魏碑的學習上，是以〈張猛龍碑〉為根基，此件作品呈現的是〈張猛龍碑〉碑額（圖40）的風格，雄強勁健，峭整凌厲之特點，掌握得十分精準。

圖39　李叔同〈青史紅顏五言楷書聯〉

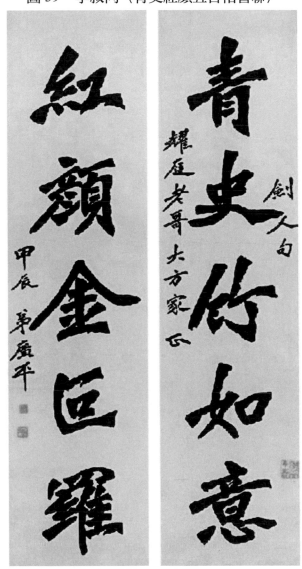

出處：書法報網站

圖 40 〈張猛龍碑〉碑額

出處：《北魏張猛龍碑解析》

　　以上，藉由書篆潤例所列之取法對象一一說明，並舉遷居上海後寫贈徐耀
廷書作逐一對應，從中可以看到李叔同書學根基之札實，臨摹功力之深厚，不
必等到於杭州任教出版的《李息翁臨古法書》才得以見識。

　　而且，在李叔同尚未來到上海之前，早已有不少書畫家來此鬻畫賣字，即

所謂的「海上書畫家」，簡稱「海派」。〔註38〕如楊見山（1819～1896）、胡公壽（1823～1886）、任伯年（1840～1896）最為前輩；而在李叔同來上海之時，有蒲作英（1830～1911）、吳昌碩（1844～1927）、高邕之（1850～1921）、倪寶田（1855～1921）、王一亭（1867～1938）等享譽滬濱；辛亥革命後，不僅有遺老李瑞清（1867～1920）、曾農髯（1860～1930）等人，李叔同的同輩更是難以計數。

　　因此，方愛龍認為，在眾多海上書畫家面前，李叔同開出這樣的潤例，可說是需要相當的自信和勇氣。〔註39〕無論鬻書篆刻的營收是否令人滿意，李叔同藉由在報刊上發表自己的書法篆刻作品，以及《李廬三種》等的出版，已打開名氣，聲名顯揚於上海，且又與眾多海上書畫家交流，足以讓他大開眼界，提昇其書篆藝術上的涵養與境界，開創出屬於自己的風格。

　　這一時期的傳世書蹟，除上述的五件早期書蹟：〈淮源廟碑節文隸書四條屏〉（1899）、〈臨楊峴隸書曹全碑節文〉（1899）、〈仿東坡筆意節臨王次回問答詞卷〉（1899）、〈蘇體行書袁枚八十自壽詩〉（1899）、〈青史紅顏五言楷書聯〉（1904）等，另有以仿蘇體抄錄己作《山茶花詩卷》（1899），以魏碑體書四言詩於圓形扇面：「時理舊策，昏然若蒙。少之所業，悅口厭心。及此追尋，了無可得」（未誌紀年），請徐耀廷賜教；皆是臨古書風再現之作。

三、留日：魏碑書風形成時期（1905～1911）

　　留日學藝時期，與恩師徐耀廷、好友許幻園、楊白民、毛子堅、周嘯麟等有書信來往，這些信札收錄於《弘一大師全集·八·雜著、書信卷》，多為私人收藏。在尚未考入東京美術學校之前，在〈山茶花〉和《音樂小雜誌封面》這兩件作品上可看得見書法題字。

　　〈山茶花〉（圖41）是李叔來到東京的第一件作品。在設色上以水彩作原料，在技法上用中國畫工筆花卉散枝的手法創作，頁面下有題記和印記，題記云：「回闌欲轉，低弄雙翹紅暈淺。記得兒家，記得山茶一樹花。乙巳冬夜，息霜寫於日本小迷樓。（朱文小印「三郎」）」從題記內容可知，這幅作品是李叔同回想兒時家中所種茶花而作，而「小迷樓」是他所租賃的小洋房自取的齋名。從題記的書風來看，是接近平日較為隨意率性的書札體。

〔註38〕沈柔堅主編：《中國美術辭典》（臺北：雄獅圖書公司，1989年），頁80。
〔註39〕方愛龍：《殷紅絢彩──李叔同傳》，頁33。

圖 41　1905 年，李叔同留日水彩畫〈山茶花〉

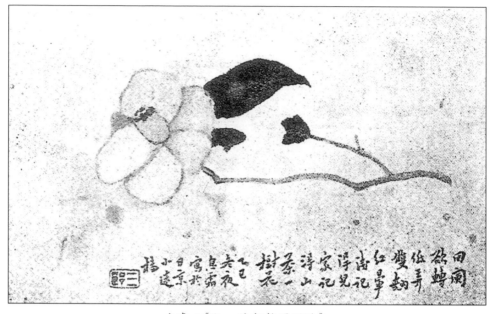

出處：《弘一法師翰墨因緣》

　　《音樂小雜誌》是李叔同憑一己之力所創辦的音樂刊物，第一期於光緒三十二年丙午（1906）正月初三（1 月 27 日）寫成序言，十五日（2 月 8 日）於東京印刷出版。封面圖案為水彩畫〈罌粟花〉（圖 42），象徵大清帝國在鴉片戰爭之後的衰落；中間的五線譜是法國資產階級時期的革命歌曲〈馬賽曲〉的局部，其創作目的在喚起民族的奮起。〔註40〕題字是楷體魏碑書風，為〈張猛龍碑〉碑額風格，方筆方肩，筆畫如刀刻，堅硬凌厲，已有幾筆細筆，雄強之勢雖減，仍神采奕奕，又多些柔和可親之感。而其拉長的形體，似乎已開始孕育出字形瘦長的風格。

　　自光緒三十二年丙午（1906）年陽曆九月二十九日，李叔同考入東京美術學校西洋畫科撰科後，由於主攻西洋畫，而其餘時間放在詩歌、藝術理論、戲劇、音樂等方面，書法方面的臨摹與創作則較為少見，目前僅見兩件，以下分述之：

　　光緒三十二年丙午（1906）六月，自日回津，填〈喝火令〉一闋哀國民之心死。是件書作已在第二章第三節中賞析（請參見圖 9，頁 64），不再重述。

　　　　　　　　　　　　　　　　　　　　　　　　

〔註40〕錢江鴻：〈從《音樂小雜誌》談李叔同的裝幀美學思想〉，《美育學刊》，2018 年第 4 期，第 9 卷，總第 47 期，2018 年 4 月，頁 115～120。

圖42 1906年，李叔同所設計的《音樂小雜誌》封面

出處：《中國近現代藝術教育家藝術作品選‧李叔同作品》

　　另一件是李叔同光緒三十一年乙巳（1905）十二月所書〈看月春雪詩句〉（圖43），是留日初期抄錄舊作詩詞贈送唐肯（1876～1950，字企林，號滄洧，江蘇武進人，與李叔同為「春柳社」社友，一同演出話劇《茶花女》，於劇中飾演茶花女之父阿芒。）的作品。這件作品（圖43）與上件〈喝火令〉（圖9）相較，在書風上開始有了明顯的變化，結體開張寬扁，這是受蘇、黃書風影響。其次，字與字間距稍有拉開，但還是略嫌緊湊；字的稜角化為渾圓，筆法已能方圓兼用；拉伸的筆畫加入振抖擺盪，比較值得注意的是有幾個字的筆畫，如「看」、「合」、「花」字的撇畫，「夜」字的橫畫、撇畫，

「春」字的第三筆橫畫、「握」字的提手旁的橫畫與豎鉤等，在用筆上刻意顫抖作鋸齒狀以求接近石刻剝蝕的痕跡，這種用筆法應該是受到李瑞清的影響，或直接向李瑞清學習。

圖 43　1905 年，留日初期抄錄舊作詩詞贈送唐肯

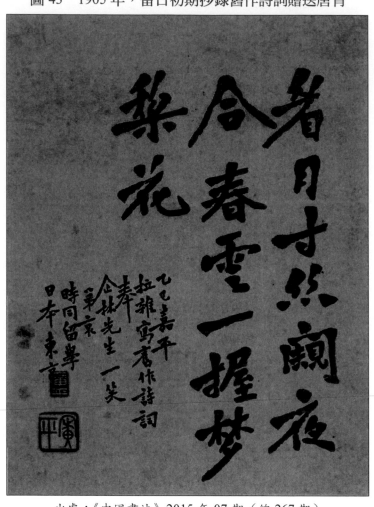

出處：《中國書法》2015 年 07 期（總 267 期）

李瑞清，字仲麟，號梅庵、清道人，江西臨當人，清光二十一年（1895）進士，曾任南京兩江優級師範學堂總辦（即校長），並創設圖畫手工科，致力藝術教育不遺餘力。書法精於大篆與北碑，與楊守敬（1839～1915）、吳昌碩交往甚密。晚年在上海鬻書為生，但以《鄭文公碑》為最得意，又如〈佛國離明對聯〉（圖 44），寫摩崖書風時筆畫故意顫抖，作鋸齒狀以求石刻剝蝕痕跡，曾風靡一時，但終嫌造作單調，是為不足，遂貽時人之譏。但從一些信

手寫來的小札看，書法仍有相當造詣。〔註41〕

圖 44　李瑞清〈佛國離明對聯〉

出處：《張大千的老師──曾熙、李瑞清書畫特展》

　　李瑞清晚年於上海鬻書，是海上書畫家之一，時正值李叔同移居上海時期，必定見識到前輩們的書畫作品，從而觀摩學習。從這件作品可見，李瑞清是他的學習對象之一，這種故意顫抖作鋸齒狀的用筆，正是最好的證明。

〔註41〕中國教育學會書法教育專業委員會編：《近現代書法史》（天津：天津古籍出版社，2009年9月），頁12。

總之，此件作品大抵說明，李叔同已融會北朝碑版和宋人黃庭堅行楷，楊峴與李瑞清之用筆，而形成李叔同楷書魏碑體之風格，相對於日後的發展，此書作算是初形成的作品，此一風格直至歸國後仍大量運用而日趨於成熟。

四、歸國：魏碑書風發展時期（1911～1918）

李叔同自日本歸國時，在民國初期之教育界與藝術界已是一位有一定影響力的知名人士，這與他在留日期間於美術、音樂、戲劇等方面所取得具有開創之功的藝術成就有關。歸國之後受邀在天津、上海、杭州、南京等地學堂任教，帶領其校課餘文藝風氣，組建樂石社、寧社；在上海受聘為《太平洋報》文藝副刊「畫報」主編，發起創辦「文美會」和主編《文美雜誌》等；在上海、杭州廣交文友藝友，先後參加「南社」和「西泠印社」等在近代中國最為重要的文藝團體，無一不是引領一時風騷之事。

這一時期，臨摹古代碑帖法書是每日晨起功課，從日後所出版的《李息翁臨古法書》來看，臨摹所及，上起大篆〈石鼓文〉、小篆〈嶧山碑〉、古隸〈禮三公山碑〉、〈天發神讖碑〉，魏晉南北朝各碑版與墓誌銘、王羲之〈十七帖〉，再下迄黃庭堅〈松風閣詩卷〉等，無不臨摹得形神兼備、維妙維肖。〔註42〕而所任教的學校、受聘的報刊、組建的社團，每每有需要他發揮書法特長的時刻；結交的友朋又以能得一紙相贈為貴，所以書法作品特別地多，型式多樣，有直幅、中堂、條屏、橫披、對聯、扇面和與友人通信之書札，書作風格亦是多樣面貌。這一時期可以說是李叔同一生藝事輝煌絢爛時期，也是書作多產高峰時期。

從書風發展而言，自 1911 年歸國至 1915 年前後，有兩類書風書作。第一類是初形成的楷體魏碑書風之延續與日益成熟之作，即主要以〈張猛龍碑〉碑陰（圖 45）為主，融合黃庭堅行楷，加上楊峴、李瑞清筆法所形成的書風，是大量運用於書作的風格。代表此類書風以大字作品居多，著錄書蹟有：〈游藝橫披〉（約 1912）（圖 46）、〈晨鵲夜寢八言楷書聯〉（1912）（圖 47）、〈十步百年八言楷書聯〉（約 1914）（圖 48）、〈王粲登樓賦四條屏〉（1914）（圖 49）、〈王粲登樓賦前四句直幅〉（1915）、〈安本分學喫虧橫披〉（未誌紀年）（圖 50）等等。

〔註42〕李璧苑：〈弘一大師書法風格之研究〉，《美育月刊》第 79 期，1997 年 1 月，頁 4～7。

圖 45　〈張猛龍碑〉碑陰（局部）

出處：《二玄社・中國法書選・張猛龍碑》

圖 46　李叔同〈游藝橫披〉

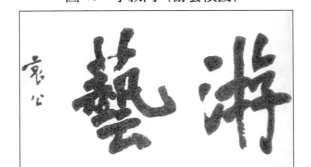

出處：《弘一法師翰墨因緣》

圖 47　李叔同〈晨鵲夜寢八言楷
　　　　書聯〉

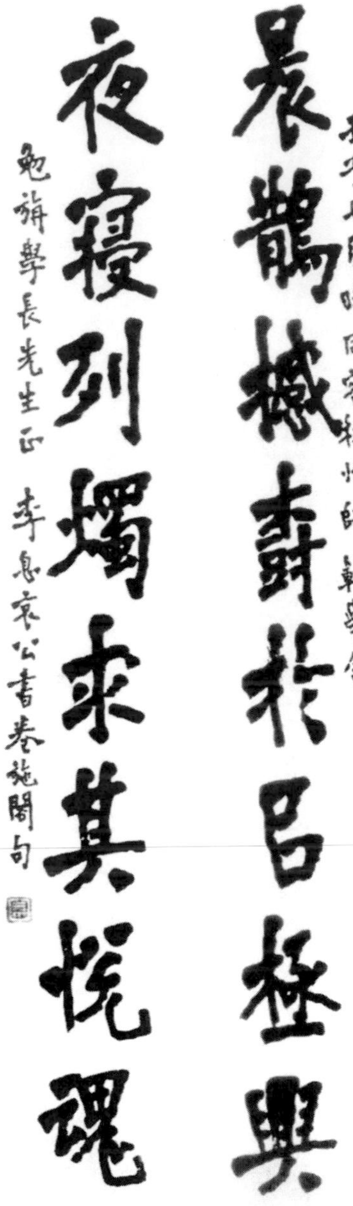

圖 48　李叔同〈十步百年八言楷
　　　　書聯〉

出處：《書藝珍品賞析‧民國系列‧
李叔同》

出處：《中華書畫家‧傳世經典》2018
年第 10 期（總 108 期）

圖 49　李叔同〈王粲登樓賦四條屏〉

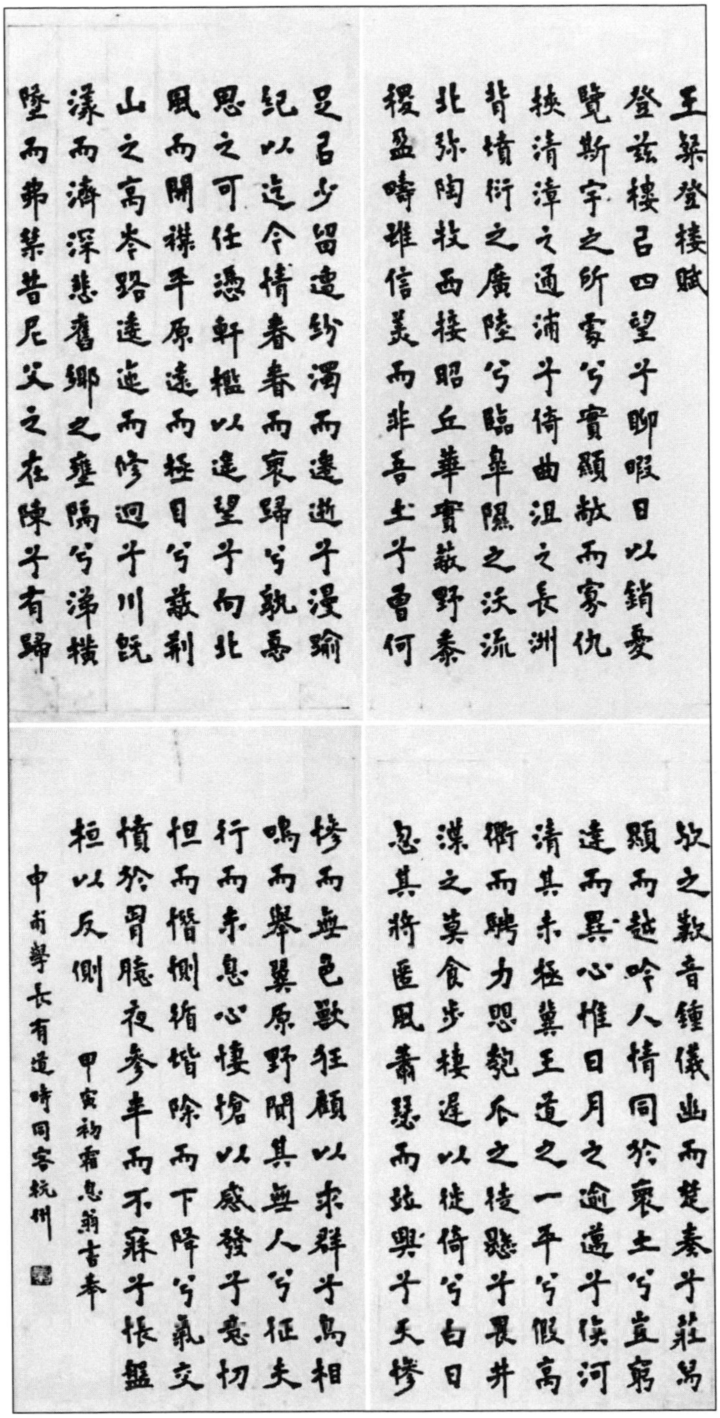

出處：《中國書法》2015 年 07 期（總 267 期）

圖 50　李叔同〈安本分學喫虧橫披〉

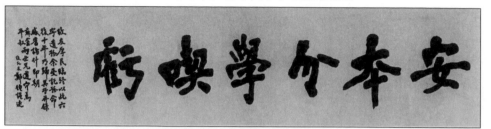

出處：《中華書畫家·傳世經典》2018 年第 10 期（總 108 期）

　　第二類是以〈張猛龍碑〉碑額書風為主，雜揉〈始平公造像記〉、〈楊大眼造像記〉、〈魏靈藏造像記〉這類方重書風而形成。這類作品大抵字勢雄渾，筆意樸拙，筆畫方重厚實而以藏鋒收斂鋒棱，振抖擺盪之筆略少，或一筆或二筆，仍多見於撇畫。代表此類書風以大字作品居多，著錄書蹟有：為城東女學題字之〈囍字中堂〉（圖 51）、〈壽佛中堂〉（圖 52），星三先生屬書〈楷書道德經橫幅〉（1915）（圖 53），行將赴南京任教為夏丏尊書〈鐙機老屋橫披〉（1915）同悲喪母之情（圖 54），未誌紀年之〈演壇橫披〉（從署名李息研判，可能是 1915）（圖 55）。

圖 51　李叔同為城東女學題字　　　　　圖 52　李叔同為城東女學題字
　　　　　〈囍字中堂〉　　　　　　　　　　　　　〈壽佛中堂〉

　　出處：《弘一法師翰墨因緣》　　　　　出處：《弘一法師翰墨因緣》

圖 53　星三先生屬書李叔同〈楷書道德經橫幅〉

出處:《東方藝術》2014 年 20 期

圖 54　李叔同為夏丏尊書〈鎧機老屋橫披〉

出處:《弘一法師翰墨因緣》

圖 55　李叔同〈演壇橫披〉

出處:《弘一法師翰墨因緣》

這一時期尚有臨古書風之大字作品,如為夏丏尊三十歲祝壽書〈茲流靡答五言楷書聯〉(1913)(圖56),〈大槐玄流四言楷書聯〉(1915)(圖57),〈金

石歡樂四言楷書聯〉（1916）（圖 58），皆為臨摹〈始平公造像記〉（圖 59）之
書作。

圖 56　李叔同〈茲流靡答五言楷　　　圖 57　李叔同〈大槐玄流四言楷
　　　　書聯〉　　　　　　　　　　　　　　書聯〉

出處：《弘一法師翰墨因緣》　　　　出處：《中華書畫家・傳世經典》2018
　　　　　　　　　　　　　　　　　　　　年第 10 期（總 108 期）

圖58　李叔同〈金石歡樂四言楷　　圖59　〈始平公造像記〉（局部）
　　　　書聯〉

出處：《弘一法師翰墨因緣》　　　　　出處：《二玄社‧中國法書選‧龍門
　　　　　　　　　　　　　　　　　　　　　　二十品上》

　　民國五年丙辰（1916）冬，在杭州虎跑寺（大慈山定慧寺）斷食期間的潛
心臨摹與思考，使李叔同身心產生變化，從他完成斷食應學生朱穌典之請所書
〈靈化橫披〉（圖 60）來看，除了〈張猛龍碑〉碑陰的基調外，〈爨寶子碑〉
（圖 61）稚拙古樸的書風在這幅字上更加突顯，進而收斂其方銳的起筆和收
筆，轉而成為圓筆（尤其是「化」字），似乎與他自己覺得脫胎換骨了，取老
子「能嬰兒乎」之意，改名「李嬰」之心理有關，書法風格能表現書家之心理、
情感，此作堪可代表。

圖 60　1916年，李叔同斷食結束後，自書「靈化」二字並題記

出處：《弘一法師翰墨因緣》

圖 61　〈爨寶子碑〉（局部）

出處：《二玄社・中國法書選・爨寶子碑、爨龍顏碑》

　　在這幅字的基礎上，李叔同可能以北魏墓誌銘之書風，如《張黑女墓誌銘》（圖 62），橫畫斜度平緩，豎鉤上挑而短，用筆不拘一格，中鋒與側鋒兼用，方圓兼施，以收剛柔兼濟之態，生動飄逸之姿；結構扁方，中宮疏朗，多參隸意，整體精美高雅，風骨內斂，帶些稚拙古樸之意。〔註43〕李叔同即以此調合魏碑左低右高之欹斜之態，筆畫方銳厚實、結構嚴密，字勢雄強之書風。典型的作品，如〈為吳錫辛書中堂〉（1917）（圖 63）的大字作品，在筆畫上雖仍厚重，但已有些圓潤，而用筆不再筆筆藏鋒以收縮鋒棱，反而是不管筆尖是什麼狀態，一入紙就往目的地帶去，尤其表現在橫畫上，且在行筆過程中游走不定，形成擺盪的姿態，撇畫也是尖鋒入筆，捺筆是順著筆勢提起，尤其是「之」字的捺筆，順著筆勢一路提上來，有別以往碑刻要先重按再提起，形成一有如刀刻之棱角。豎鉤、弧鉤也已能上挑成短鉤，有別之前向下重按成頓點作鉤之用筆。這五個筆畫上的用筆是第三類魏碑書風的特色。結體較為緊密，但左低右高之勢有稍微趨緩，或許是初形成的書風，又是寫大字作品，之前猛龍體的書寫習慣尚在，但已調合減弱雄強堅硬的字勢，多些圓渾古雅稚趣。

　　代表此類書風的作品尚有：題〈前塵影事〉贈夏丏尊（1918）（圖 64）、書佛號〈南無阿彌陀佛直幅〉贈楊白民（1918）（圖 65）、贈參龍師叔法鑒〈平等普徧橫披〉（1918）（圖 66）、贈屹山尼士法鑒〈信解夢幻九言聯〉（1918）、小字書札寫給學生劉質平書信中的〈格言數則〉等。

〔註43〕關於《張黑女墓誌銘》與魏碑書風之描述，參閱劉恒：《中國書法史‧清代》，張光賓編著：《中華書法史》相關評論。

圖 62　〈張黑女墓誌銘〉

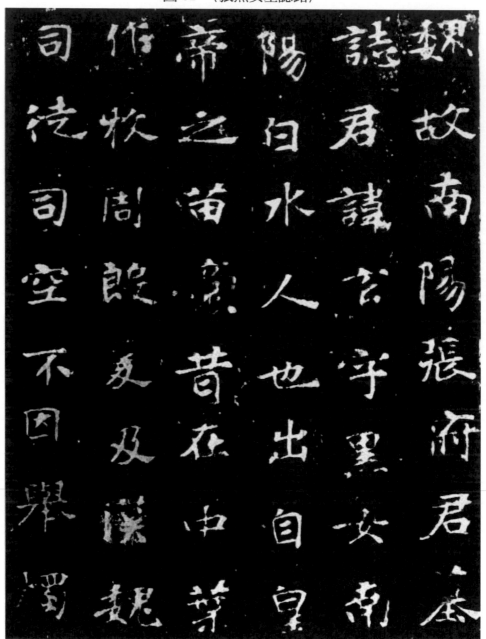

出處:《二玄社・中國法書選・墓志銘選 2》

圖 63 李叔同〈為吳錫辛書中堂〉

昔水羅循會試屬京失妻壇
稱同舍生不安客訪得之扭
循過其舍舉亦之曰此非君
物耶循曰物偶相類非我稱
也歸曰我失物所損無幾彼
若污名豈得為士乎

錫辛先生屬
丁巳忍翁

圖 64　李叔同題〈前塵影事〉贈夏丏尊

出處：《弘一法師翰墨因緣》

圖 65　李叔同書佛號〈南無阿彌陀佛直幅〉贈楊白民

出處：《弘一法師翰墨因緣》

圖 66　李叔同贈參龍師叔法鑒〈平等普遍橫披〉

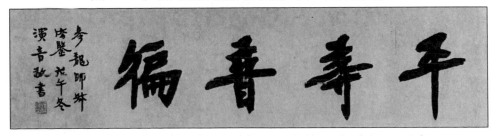

出處：《中華書畫家・傳世經典》2018 年第 10 期（總 108 期）

　　這一時期還有一種風格表現於作品中，其特色為結體舒張、主施中鋒，約在一九五〇年前後，如〈丁孺人墓誌銘〉（圖67），雖然傳世作品中並不多見，但也可看作是李叔同書法的一種典型，因為這一風格在其出家後的1922年前後曾一度廣泛使用。斷食完成後的臨古書風作品，有為南社社友高燮（吹萬）所書〈節臨天璽紀功碑軸〉，和以〈嶧山碑〉（圖68）和鍾繇〈宣示表〉（圖69）等相對高古靜穆的作品，把小字寫得結體開張，線條勻淨，典型作品如為摯友夏丏尊所書扇面、為同事堵申甫所書扇面（圖70）。〔註44〕

圖67　李叔同〈丁孺人墓誌銘〉

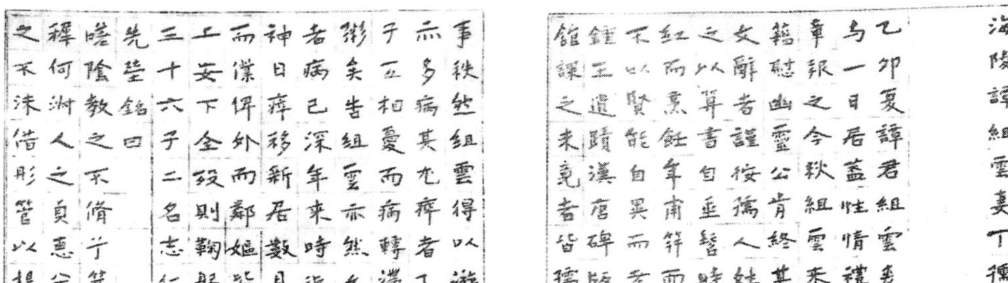

出處：《弘一法師翰墨因緣》

〔註44〕 方愛龍：〈弘一書風分期問題再探討〉，《中國書法》2015年07期（總267期），2015年7月，頁24～25。方氏將臨摹〈嶧山碑〉和鍾繇〈宣示表〉之作品，如為摯友夏丏尊所書扇面，為同事堵申甫所書扇面，視為此一時期李叔同書風之代表風格，是不妥當的。

圖68　李斯〈嶧山碑〉（局部）

出處：《篆書嶧山碑書法入門》

圖69　鍾繇〈宣示表〉（局部）

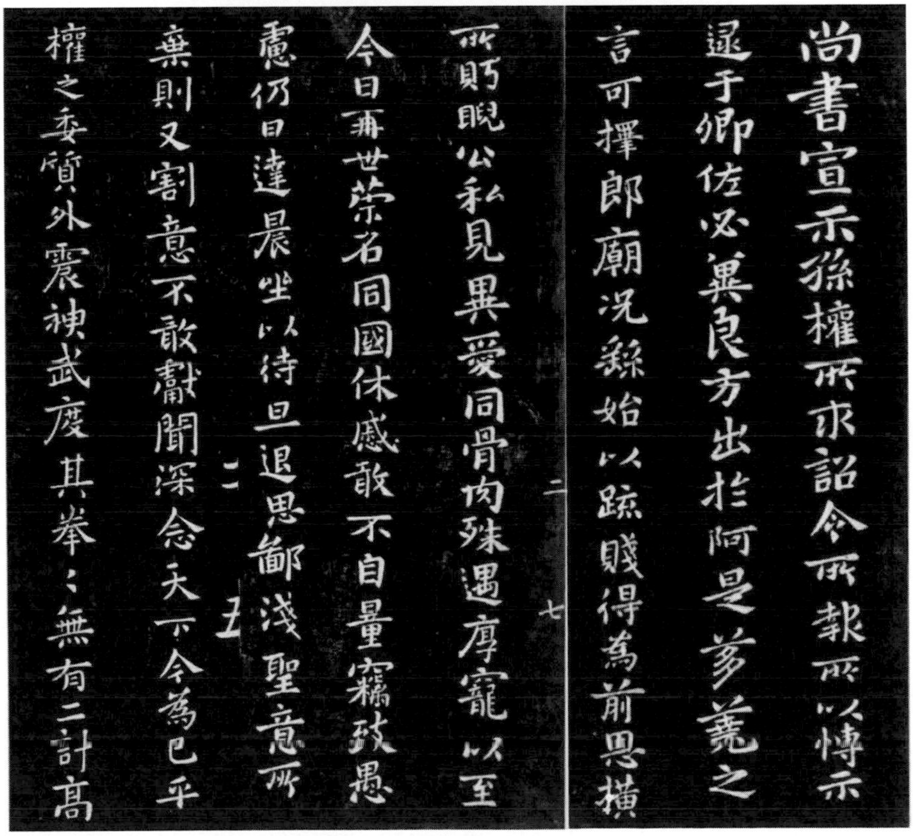

出處：《二玄社‧中國法書選‧魏晉唐小楷集》

圖70　李叔同楷書贈浙江第一師範同事堵申甫扇面

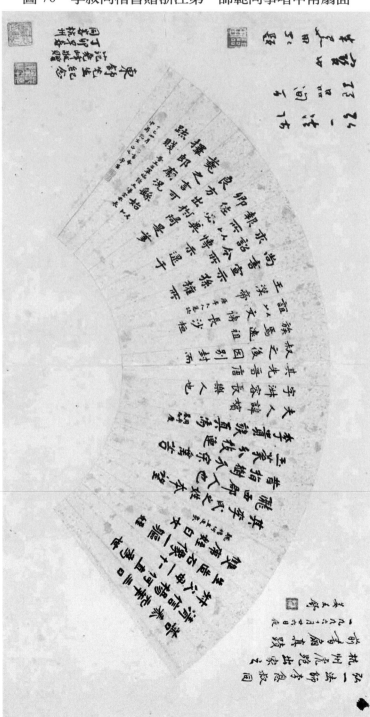

出處：《中國書法》2015 年 07 期（總 267 期）

　　以上，是這一時期作品所展現出來的早期個人書法風格的樣貌，總體而言是以魏碑書風為主體，就其書風發展而言，主要有三類：

　　一是，以〈張猛龍碑〉碑陰為主，融合黃庭堅行楷，加上楊峴振抖筆法、李瑞清顫筆所形成的書風；這一書風大量運用於作品上。

　　二是，以〈張猛龍碑〉碑額書風為主，雜揉〈始平公造像記〉、〈楊大眼造像記〉、〈魏靈藏造像記〉這類方重書風而形成。

　　三是，以〈張猛龍碑〉碑陰書風為主，參以〈爨寶子碑〉、北魏墓誌銘如〈張黑女墓誌銘〉等所調合形成之書風。就其用筆而言，李叔同並不強調起筆、收筆及轉折等的八法技巧，而逐漸化為平入、平起，行筆平穩，呈現出一種心平如水的意境。

　　民國七年戊午（1918）陽曆六月三十日（舊曆五月廿二日）入住大慈山定慧寺前一晚，應姜丹書之請而書〈姜母強太夫人墓誌銘〉（圖 71），書後折筆，是這一時期的「絕筆」之作。

圖 71　李叔同書〈姜母強太夫人墓誌銘〉（局部）

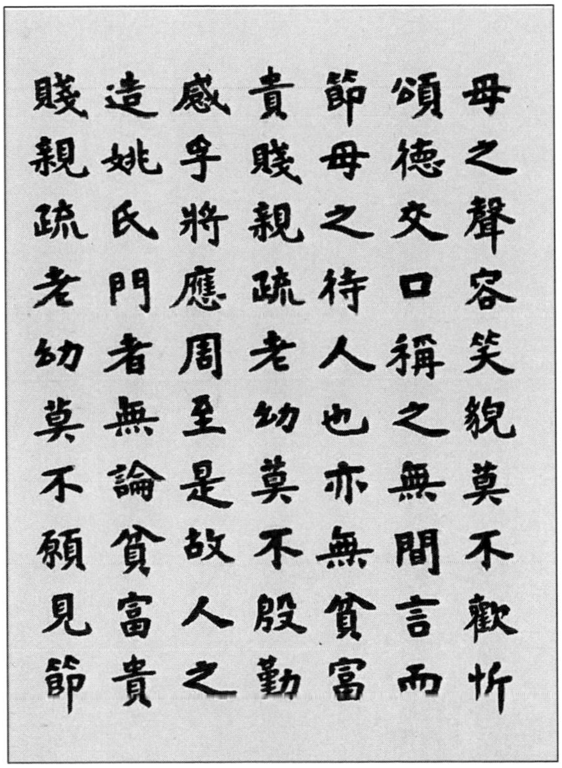

出處：書法報網站

第二節　出家後

出家階段依書風變化分為三期：魏碑書風變化時期（1918～1928）、弘
一體形成時期（1929～1932）、弘一體成熟時期（1933～1942），另外就是最
後絕筆之作，分述之：

一、魏碑書風變化時期（1918～1928）

民國七年戊午（1918）舊曆七月十三日，李叔同三十九歲，披剃於杭州
虎跑寺。翌日，七月十四日，適逢大勢至菩薩誕辰，夏丏尊來訪，為書《楞
嚴經念佛圓通章》一節，以為紀念。這件〈節錄楞嚴經念佛圓通章行書軸〉
作品（圖72），為小字書札，是出家後的開山之作，亦是第一件寫經作品。
這件書札與同年陽曆六月十八日致夏丏尊「賜箋敬悉。居士戒除葷酒，至善
至善」（圖73），以及約在七、八月間致葉為銘「不慧已於十三日卯刻依了悟
大師剃度」（圖74），與這兩封信風格相近。字取橫勢偏扁，橫畫一改魏碑左
低右高之欹斜之態，盡量是呈水平的狀態；撇畫皆是肥短，捺筆有碑刻筆畫，
但較多的是不上提出鋒而是停頓成一長點畫。仍有方折方肩。而在致夏丏尊
「賜箋敬悉。居士戒除葷酒，至善至善」書札中，筆與筆之間或連或斷，故
不時出現行、草書，或連筆，可能是想做到意連而筆斷，但不是很成功，所
以在致葉為銘書和〈節錄楞嚴經念佛圓通章行書軸〉中就不這麼做了。但不
久這種行草書風又出現在 1918 年 9 月夏丏尊喪父時，弘一法師為書〈地藏
經偈軸〉（圖75）這件作品中。

圖 72　弘一法師〈節錄楞嚴經念佛圓通章行書軸〉贈夏丏尊

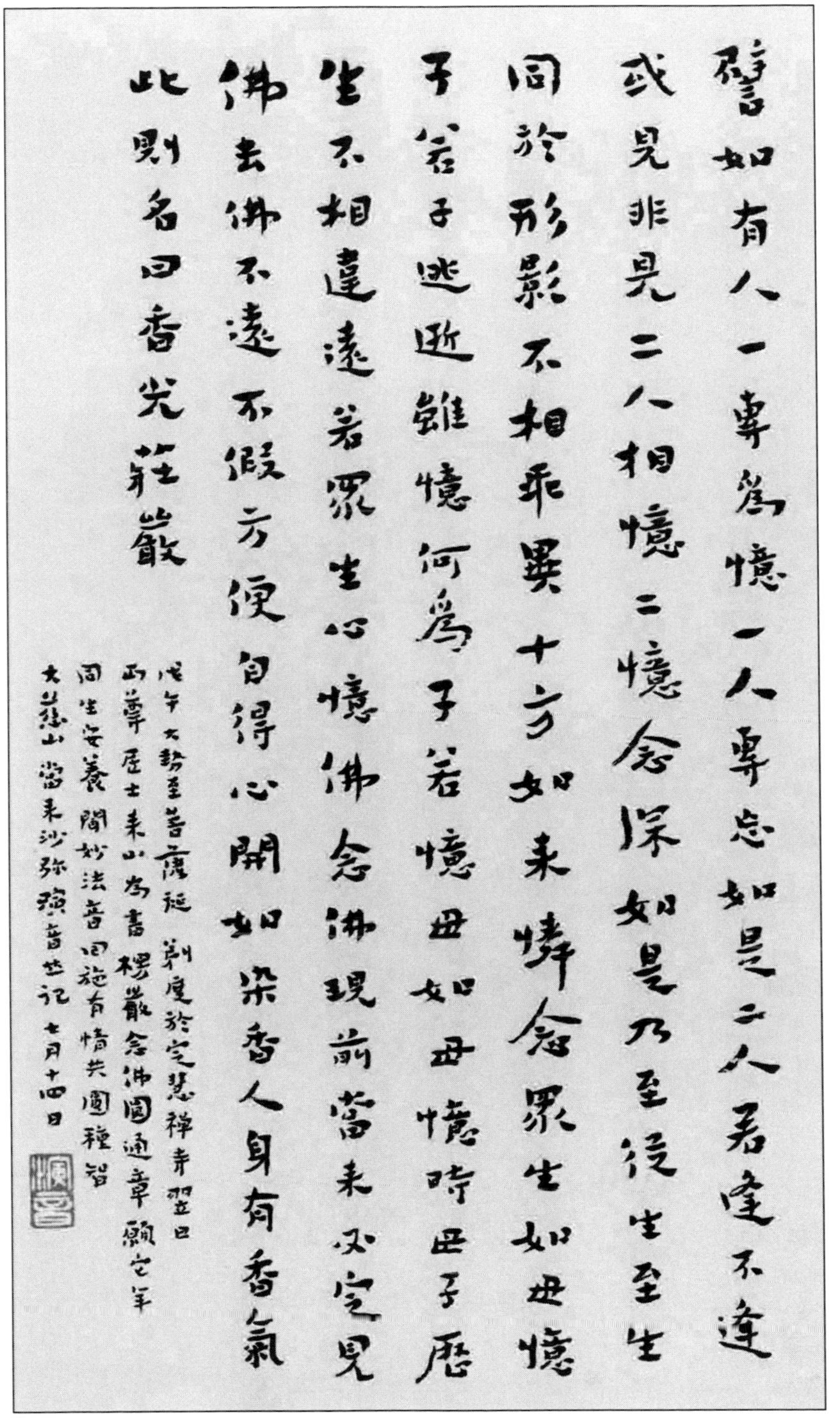

出處：《海派代表書法家系列作品集・弘一法師》

圖 73　弘一法師 1918 年 6 月 18 日致夏丏尊「賜箋敬悉。居士戒除葷
　　　　酒，至善至善」

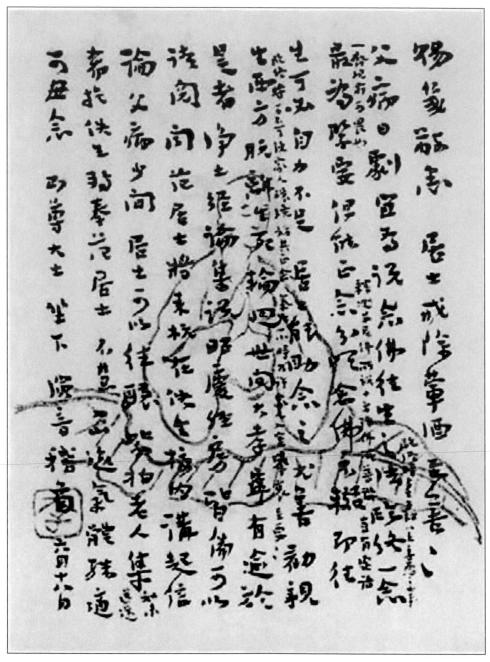

出處：《中華書畫家·傳世經典》2018 年第 10 期（總 108 期）

圖 74　弘一法師致葉為銘書札

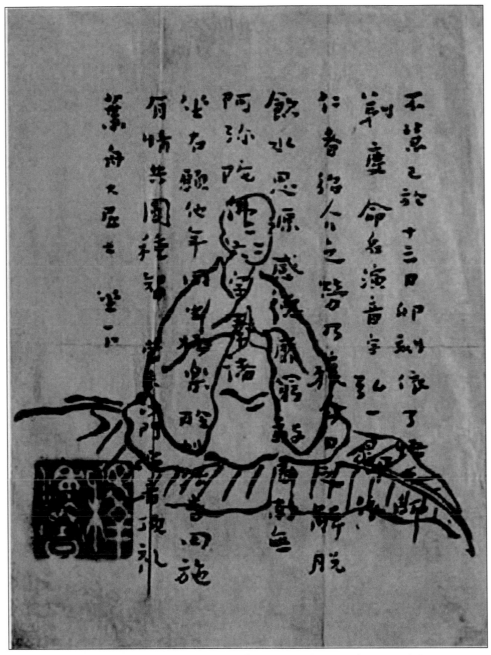

圖 75　弘一法師為夏丏尊喪父書〈地藏經偈軸〉

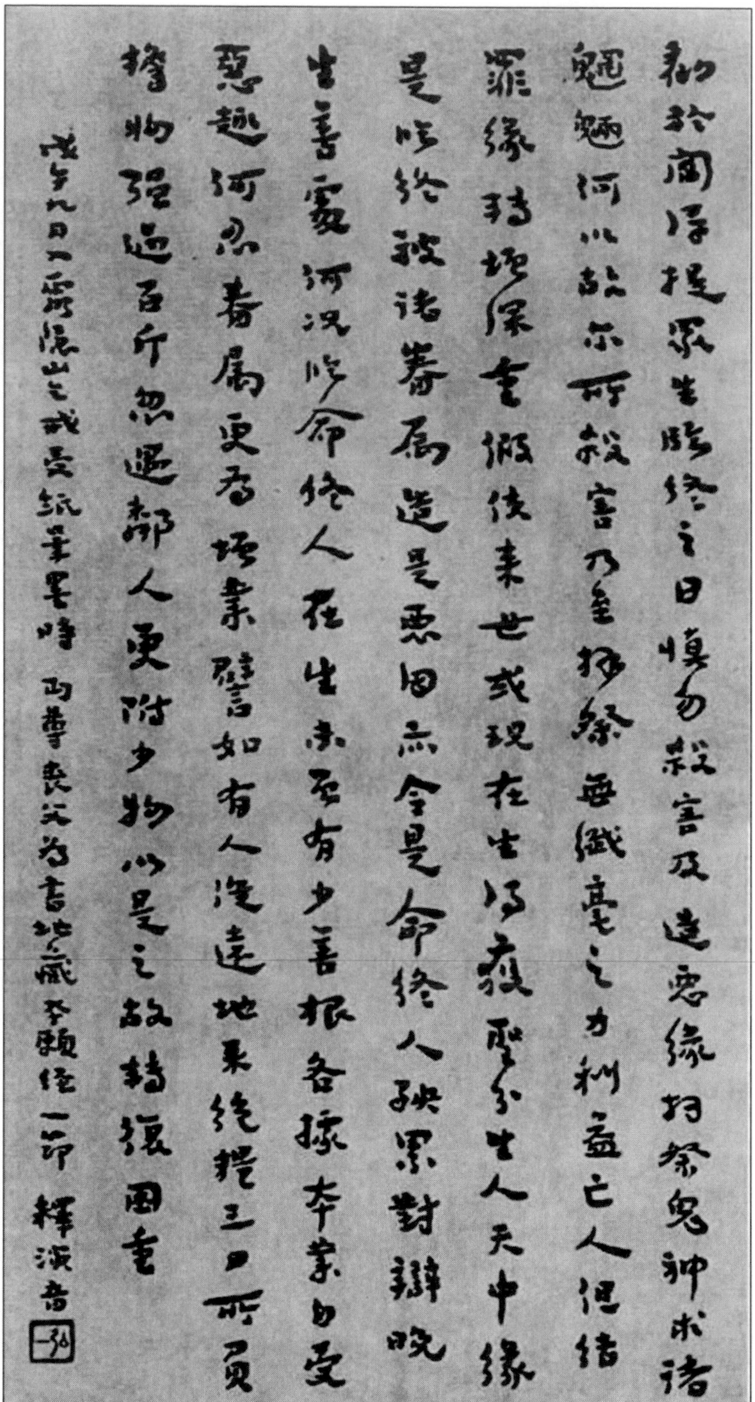

出處：《夏丏尊舊藏弘一法師墨迹》

　　在〈節錄楞嚴經念佛圓通章行書軸〉書札之後，還有幾件是風格相近而筆法更加熟練者，在 1919 年中伏，夏丏尊來探望，弘一法師檢手書「楞嚴經數則」貽之（圖 76），這是一張印有烏絲欄的紙，沒有橫格，但每欄分寫十八個字，寫得端端正正，甚是整齊，字形一樣是橫勢、偏扁、橫畫水平，但運筆更加果敢精到，不摻雜行草，以楷書為主。之後，還有 1919 年的兩幅小楷作品，一為〈行書蕅益老人四無量心銘〉（圖 77），一為〈行書止觀十二事箋頁〉（圖 78）亦屬同樣風格。從這裏也可看出李叔同在初出家，尚未接受印光法師教誨之前，已經開始在思考對經文或古德法語的書寫態度和書法風格。李叔同日常書寫信札時的心態是較為放鬆，因為見到信札的人數有限，有些信他甚至直接注明閱畢焚毀，所以書寫時楷、行、草三種書體隨著行筆而夾雜不一。不過，此時只是在思考中，從日後有用草書書寫佛號的作品來看，尚未作區別。

　　在小楷的臨習上，李叔同自幼曾臨摹過劉墉臨文徵明小楷心經，不過劉墉這件書作已經失傳，但文徵明的小楷心經（圖 79）倒是還在，而且有不少小楷精品傳世，因此可從中看見文徵明小楷的結體是呈扁形，中宮不收，較為開闊疏朗。此外弘一法師從趙元禮學詩文時，曾受其影響，也臨摹過蘇體，肥短的用筆可能也成為書寫上的習慣。但李叔同畢竟是較為擅長大字的魏體書風，此刻一下子要作文徵明小楷結構，一開始在用筆上無法整合使之和諧，在〈節錄楞嚴經念佛圓通章行書軸〉書札上即有此般碑帖書風並呈之面貌。但到了〈行書止觀十二事箋頁〉這件小楷作品時，在魏碑書風基礎下，已有晉唐帖學的書風在其中，成為在第三類魏碑書風基礎下的一種變化。

圖76　弘一法師手書「楞嚴經數則」

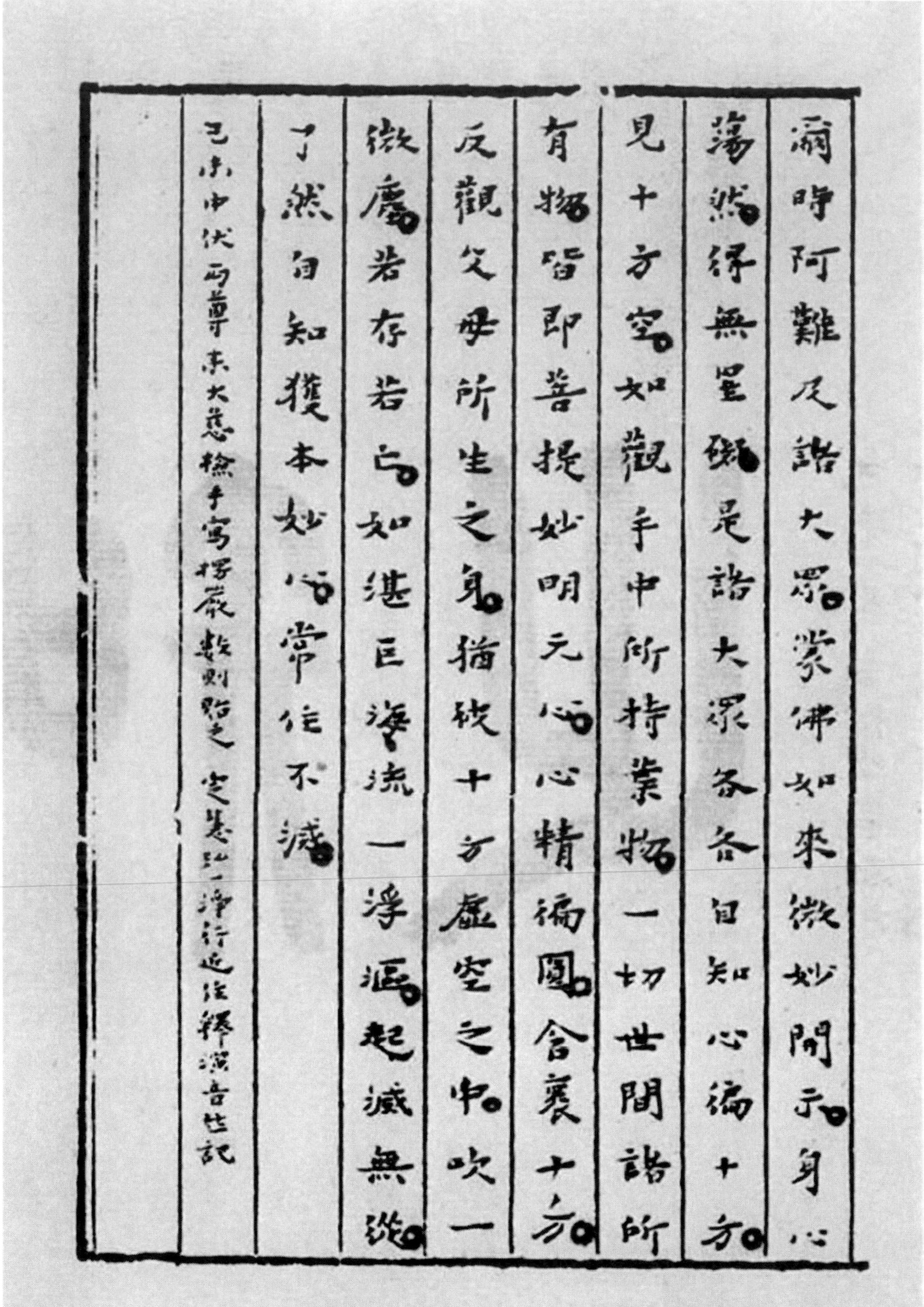

爾時阿難及諸大眾蒙佛如來微妙開示身心
蕩然得無罣礙是諸大眾各自知心遍十方
見十方空如觀手中所持葉物一切世間諸所
有物皆即菩提妙明元心心精徧圓含裏十方
反觀父母所生之身猶彼十方虛空之中吹一
微塵若存若亡如湛巨海流一浮漚起滅無從
了然自知獲本妙心常住不滅

己未中伏兩尊末大慈檢手寫楞嚴數則貼之　定慧社淨行近注釋演音性記

出處:《夏丏尊舊藏弘一法師墨迹》

圖77　弘一法師〈行書蕅益老人四無量心銘〉

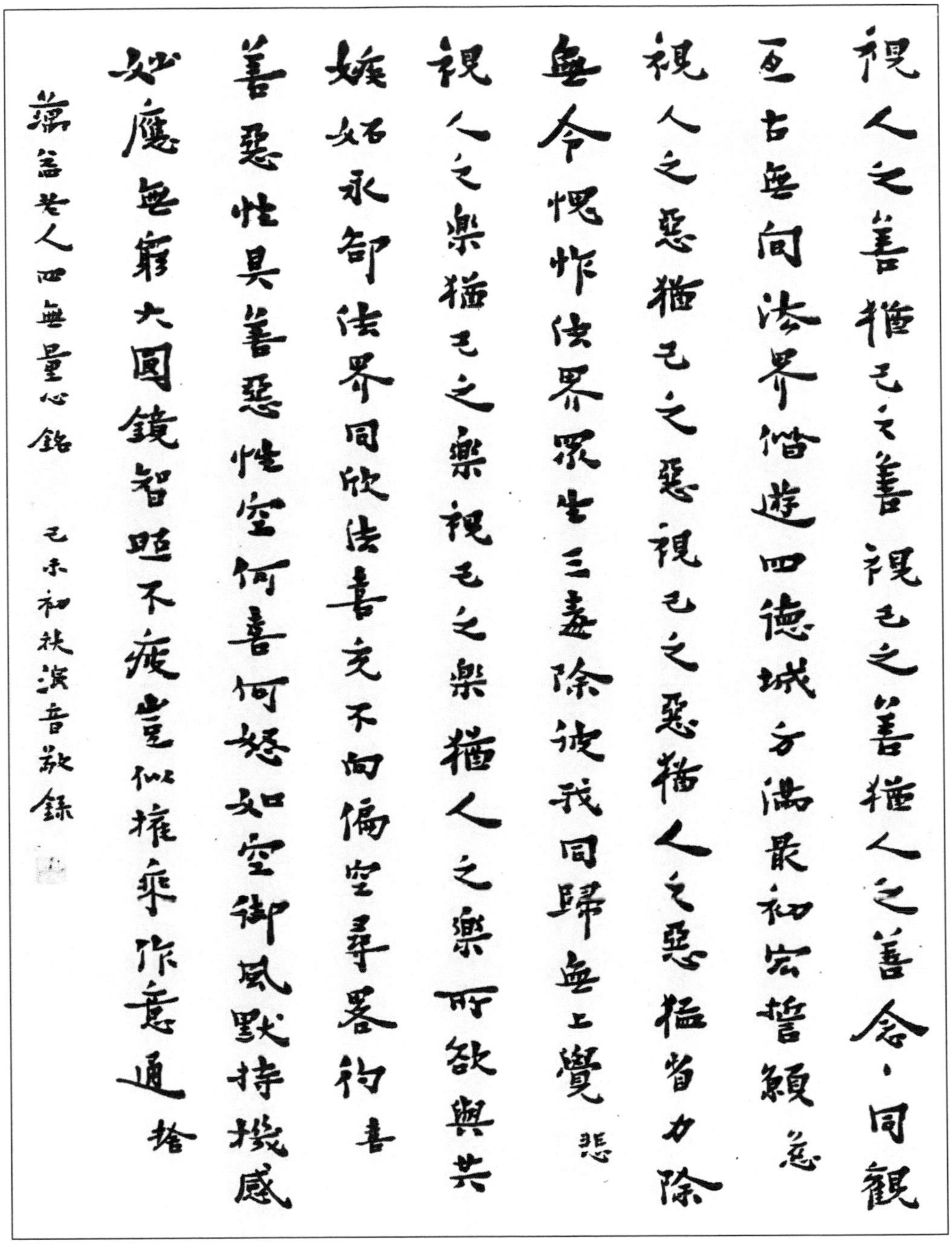

視人之善猶己之善視己之善猶人之善念‧同觀
亙古無向法界僧遊四德城方滿最初宏誓願　慈
視人之惡猶己之惡視己之惡猶人之惡猶省力除
無令慍作俾界眾生三毒除從我同歸無上覺　悲
視人之樂猶己之樂視己之樂猶人之樂所欲與共
媸妍永卻法界同欣法喜充不向偏空尋著行喜
善惡性具善惡性空何喜何怒如空御風默持機感
妙應無窮大圓鏡智照不疲豈似權乘作意通捨

蕅益老人四無量心銘
乙亥初秋濱音敬錄

出處‧《弘一法師翰墨因緣》

圖 78　弘一法師〈行書止觀十二事箴頁〉

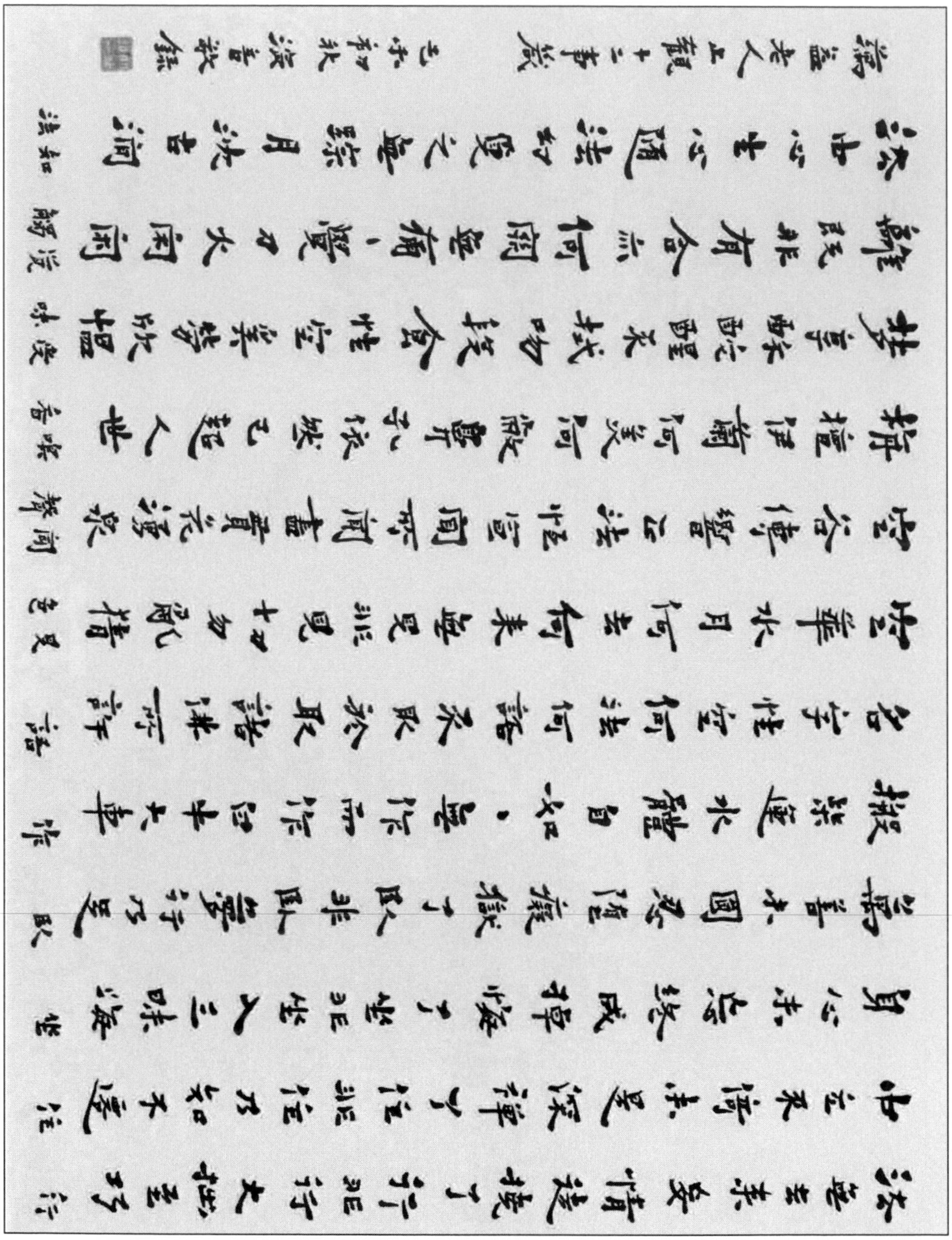

出處：《海派代表書法家系列作品・弘一法師》

圖 79　文徵明小楷《心經》

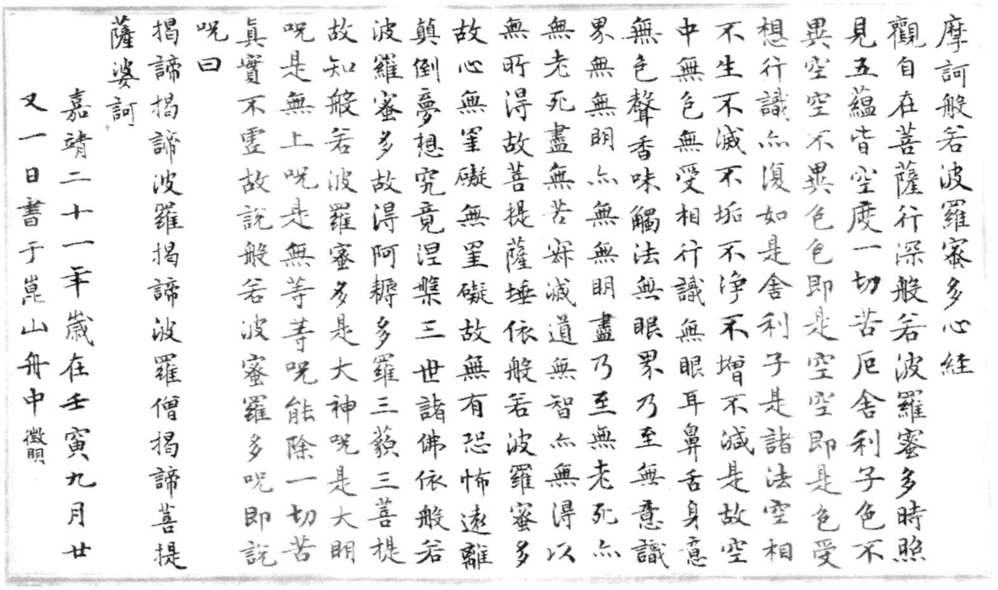

出處：《中國書法傳世碑帖精品‧07 文徵明小楷六品》

　　之所以有如此變化，在 1923 年 9 月 1 日致堵申甫的信中，弘一法師說道：「拙書爾來意在晉唐，無復六朝習氣，一浮甚贊許。」〔註45〕以「六朝習氣」來稱魏碑，似乎要表達痛改前非之決心。而他改變的方法是「意在晉唐」，即以晉唐帖學來破除書寫魏碑所養成的習慣性，至於晉唐帖學李叔同未明指，但鍾繇〈宣示表〉肯定是有，他的小楷，字形寬扁古拙，捺筆拉長、重按，上挑作收，即是學鍾，在前期寫給夏丏尊、堵申甫的扇面作品已看見這類書風。至於唐帖，有可能是唐人寫經，尤其是〈行書止觀十二事箋頁〉中的「空」字，最得形神。另外，李叔同在前期已運用隸書如〈爨寶子碑〉和北魏墓誌銘如〈張黑女墓誌銘〉這類碑版來改變魏碑結體左低右高的斜態，在此處可能再加上唐人寫經的影響，字取橫勢偏扁，橫畫幾乎呈水平狀態，而且隸書的用筆常見於橫畫與捺筆的收筆，常見的是往上提起，如這件作品的每一個「何」字的橫畫都向上提起作收，而「徒」、「遷」、「臥」、「欣」、「隨」等字，捺筆都是向上提起作收，有隸書橫畫筆意。這種為破除魏碑書寫習氣而產生變化的書風，在日後的書寫的信札中，如寫給夏丏尊、楊白民、劉質平等人的信中常見。而且也運用於大字與不同型式的作品身上，

〔註45〕致堵申甫（十五通）‧二（一九二三年舊九月一日，衢州蓮花寺），《弘一大師全集‧八》，頁 142。

如：〈一法萬緣五言楷書聯〉（1919）（圖 80）、〈印光老人文鈔題贊〉（1922）
（圖 81）。

圖 80　弘一法師〈一法萬緣五言楷書聯〉

出處：《中國書法全集・李叔同、馬一浮》

圖 81　弘一法師〈印光老人文鈔題贊〉

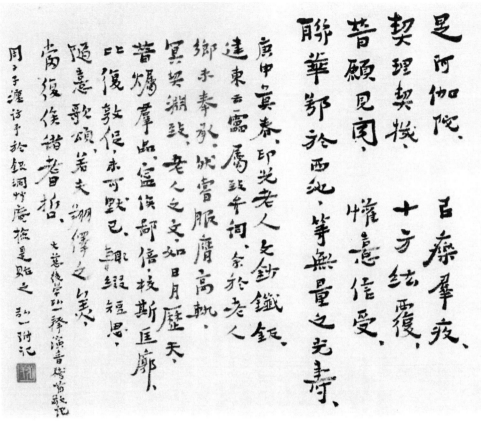

出處:《書藝珍品賞析‧李叔同》

　　但這種改變從日後的書信來看,是漸進式地變化,並沒有完全摒棄魏碑,這可從 1924 年 8 月 27 日致楊雪玖的信(圖 82)中可見,仍是魏碑的字形,不過用筆較為精熟,筆與筆之間的連貫性也增強了。

　　民國七年戊午(1918)舊曆十月,弘一法師至嘉興精嚴寺閱藏,因求墨寶者甚眾,遂從范古農之勸,始開出家後「以筆墨接人」之例。此後弘一法師的書作又產生另一種變化,這類作品一致的特色是:存骨去肉,如:書奉寂山老和尚〈錄夢東禪師《念佛伽陀》四條屏〉(約在 1918～1920)(圖 83)、書〈先德法語〉勉勵夏丏尊(1921)(圖 84)、〈即今若覓七言楷書聯〉(1921)(圖 85)、寫贈楊白民居士〈法常首座辭世詞〉(1922)(圖 86)、〈法喜橫披〉(1922)(圖 87)、書〈佛號并蓮池偈語中堂〉(1922)(圖 88)。這六件書作,應該是在第三類魏碑書風的基礎下,只以中鋒施筆,不用側鋒重按,所以能存骨去肉;線條呈弧形,尤其表現在橫折上,字形內擫,中宮收緊,筆畫向

外拉伸，橫畫傾斜度較小，豎畫幾乎筆筆都呈垂直狀，以停筆或出鋒作收；撇捺也幾乎呈直線狀，即使像「之」字的捺筆，也是順著筆勢輕按即拉起作收，不再有魏碑刀刻的痕跡，筆畫與筆畫間能相連貫處皆接連在一起。

圖 82　弘一法師 1924 年 8 月 27 日致楊雪玖信

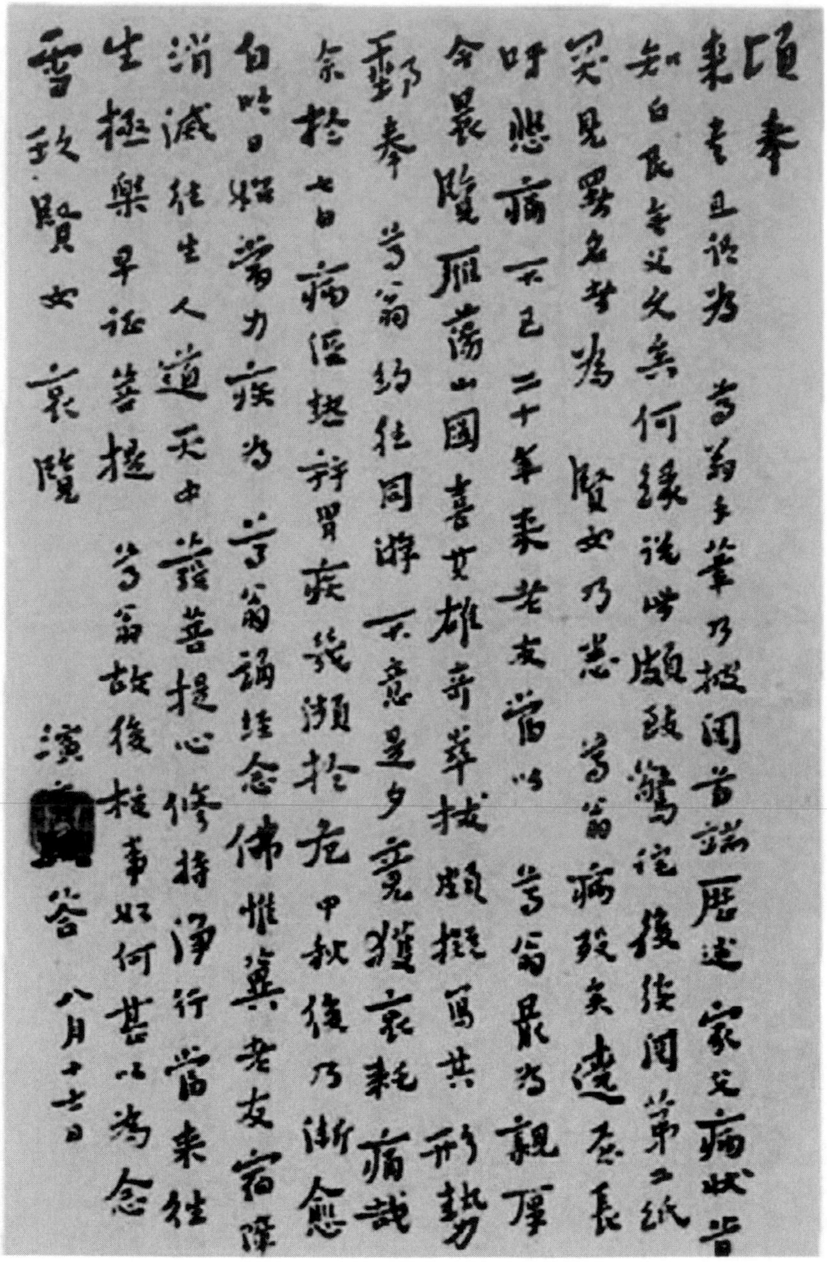

出處：《中華書畫家・傳世經典》2018 年第 10 期（總 108 期）

圖 83　弘一法師書奉寂山老和尚〈錄夢東禪師《念佛伽陀》四條屏〉

出處：《中華書畫家‧傳世經典》2018 年第 10 期（總 108 期）

圖84　弘一法師書〈先德法語〉勉勵夏丏尊

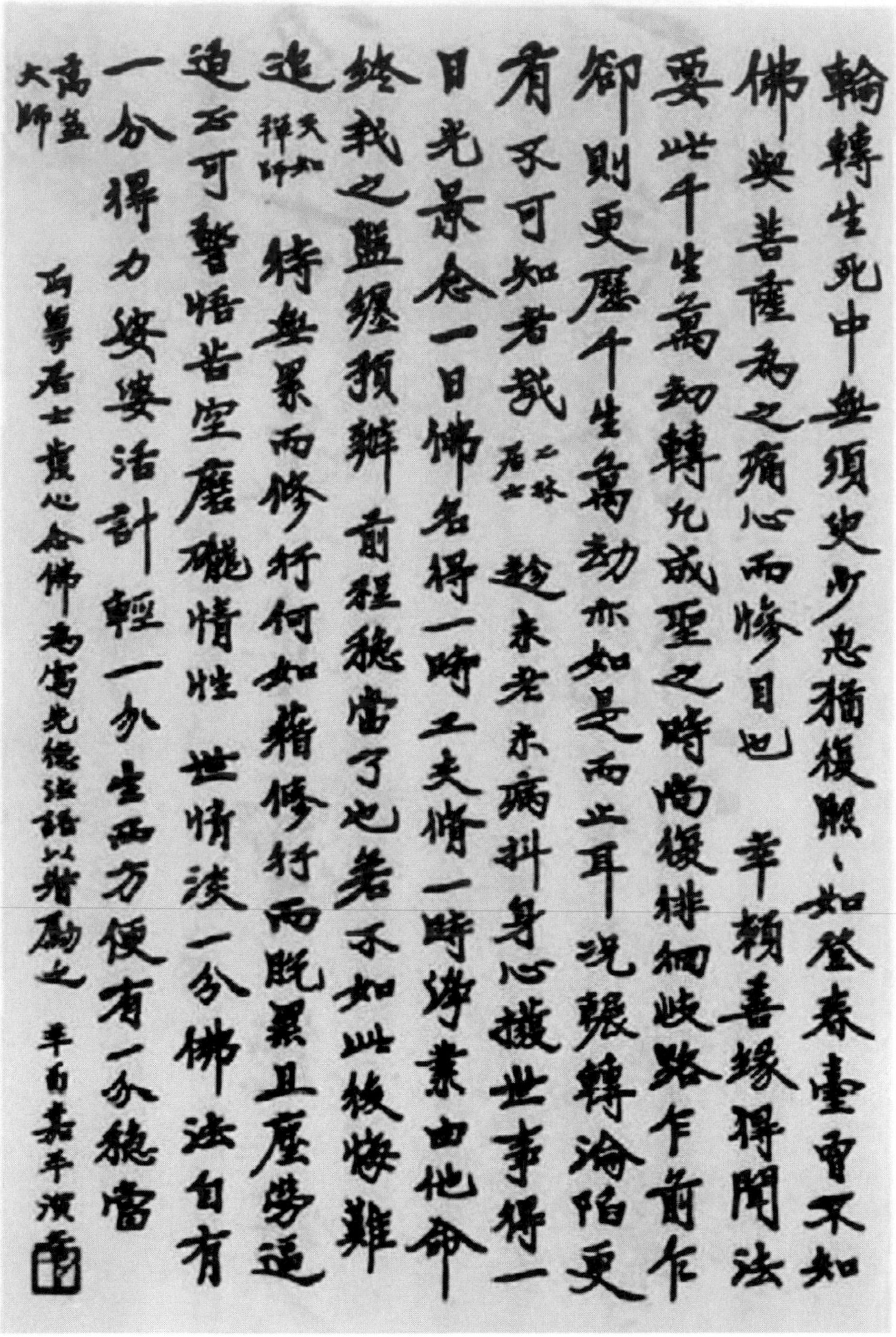

出處：《中華書畫家‧傳世經典》2018年第10期（總108期）

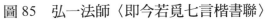

圖85　弘一法師〈即今若覓七言楷書聯〉

出處：《中華書畫家・傳世經典》2018 年第 10 期（總 108 期）

圖86　弘一法師寫贈楊白民居士〈法常首座辭世詞〉

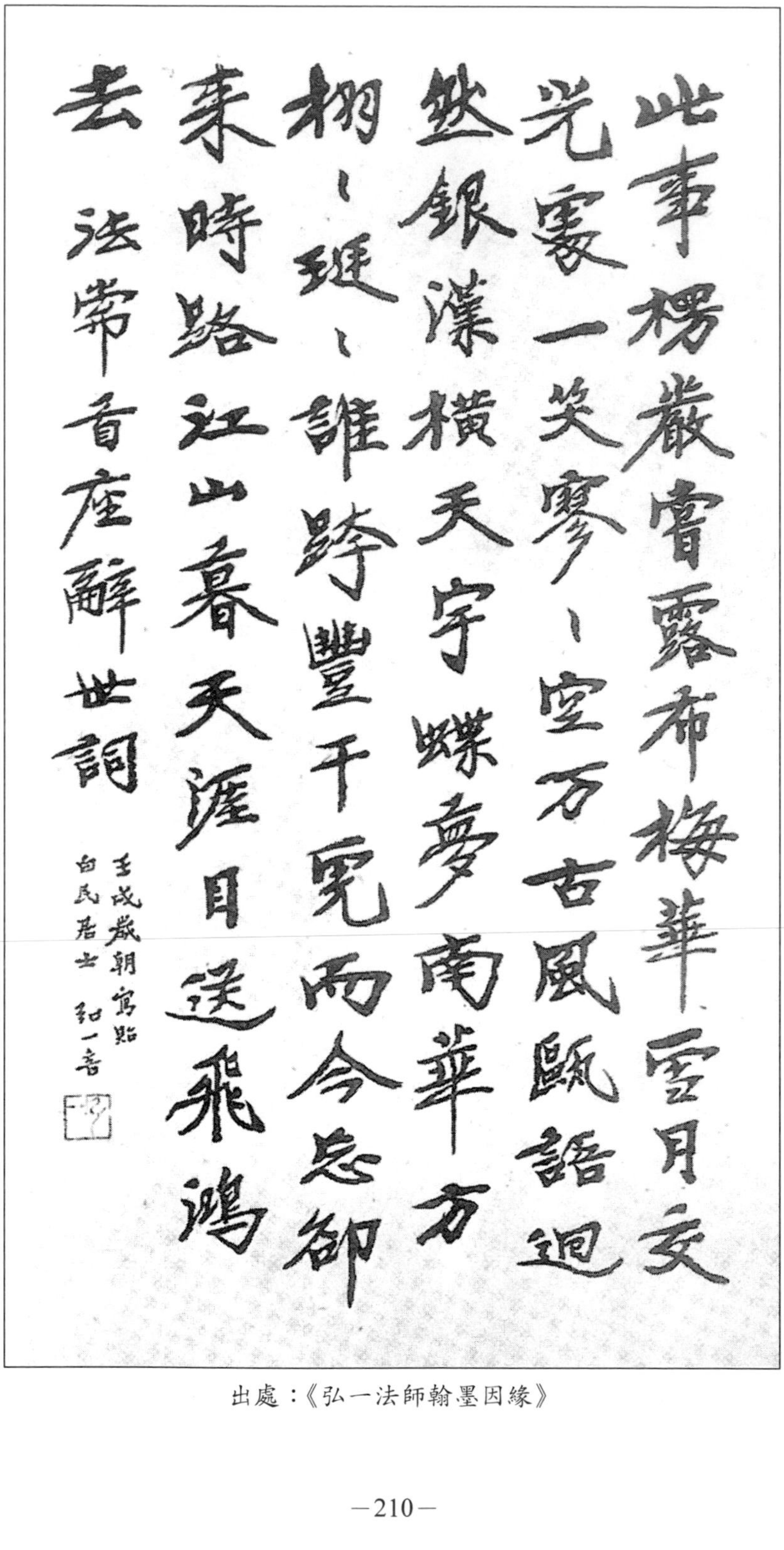

此事楞嚴曾露布　梅華雪月交
光寒一笑寥寥空萬古風甌語迴
然銀漢橫天宇蝶夢南華方
栩栩斑斑誰跨豐干冤而今忘卻
來時路江山春天涯目送飛鴻
去法常首座辭世詞

壬戌嚴朝寫貽
白民居士　弘一音

出處：《弘一法師翰墨因緣》

圖87　弘一法師〈法喜橫披〉

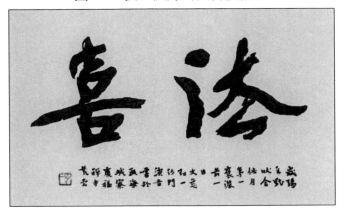

出處：《中華書畫家·傳世經典》2018年第10期（總108期）

圖88　弘一法師書〈佛號并蓮池偈語中堂〉

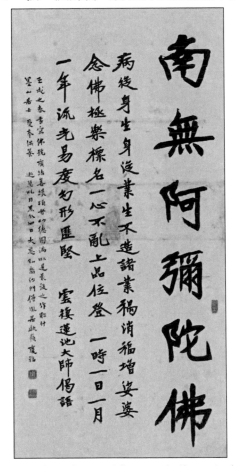

出處：《中華書畫家·傳世經典》2018年第10期（總108期）

　　另有一類作品，可能是前期〈丁孺人墓誌銘〉小楷書風的延續，更可能是對上述六件書作作進一步變化。特色也是存骨去肉，如小楷〈蘇軾畫阿彌陀佛像偈並序軸〉（1922）（圖89）與大字〈萬古一句七言楷書聯〉（1922）（圖90），這兩件書作同樣有上述六件書作的用筆特色，但呈現的風格是稚拙古樸，撇捺可說是直線，尤其是捺筆，連輕按再提的動作都沒有，豎筆還是垂直狀，但不筆筆拉伸或懸針，撇捺也一樣不再拉伸，收筆也少出鋒，與上述六件書作最大的差別是，筆畫是以斷為主，明顯表現在橫折上，橫折多變為兩筆。自從這兩件書風產生後，就很少再看到上述六件書風這類作品出現了。這種筆畫以斷為主，也成為日後弘一體的特色之一。

　　綜合上述，大抵出現兩種變化，一是從書札小字而來的變化，著意於晉唐以除六朝習氣，從〈行書楞嚴經偈札〉開始，至小字〈行書止觀十二事箋頁〉、大字〈一法萬緣五言楷書聯〉可說是完善而具體。這種變化的書體適合寫小字，常見於書信或題記，以及日後的《護生畫集》中，因此，弘一法師在致劉質平的信中將之稱為「帖體」。由是，對應於另一種變化自第三類魏碑書風的字，弘一法師稱之為「魏碑體」。〔註46〕這種魏碑體特色在於已存骨去肉，撇捺呈直線狀，豎筆垂直，筆畫以斷為主。不過，為了有別於一般書學中所稱的帖體與魏碑體，凡是在文中提到這種書體，皆在之前加上「變化後」三字，稱為「變化後帖體」、「變化後魏碑體」以示區別。

　　除了兩種變化的書作之外，這時期亦有臨古書風之作，如楷書〈勇猛精進橫披〉（1918）（圖91），純粹〈張猛龍碑〉碑陰之書風；篆書〈知止橫幅〉（1919）（圖92），為鄧石如書風；隸書〈珍重橫幅〉（1920）（圖93），純用〈爨寶子碑〉書風。難得一見的草書〈南無阿彌陀佛〉直幅（圖94），大抵是東坡書風。

〔註46〕致劉質平（一一〇通）‧一〇二（一九三九年秋，永春普濟寺），《弘一大師全集‧八》，頁116：「因余書寫長聯，字數尚少。書寫整張紙時，若有人在旁幫助，尚不十分吃力。若小立軸，則字數較多，頗費時間矣。惟應寫魏碑體，或帖體（《護生畫集》字體），可以於紙上一一標明（隨各人意）。又欲寫上款，亦須標明。又小立軸之佛號，有三式。亦由書者指定一式。」

圖 89　弘一法師〈蘇軾畫阿彌陀佛像偈並序軸〉

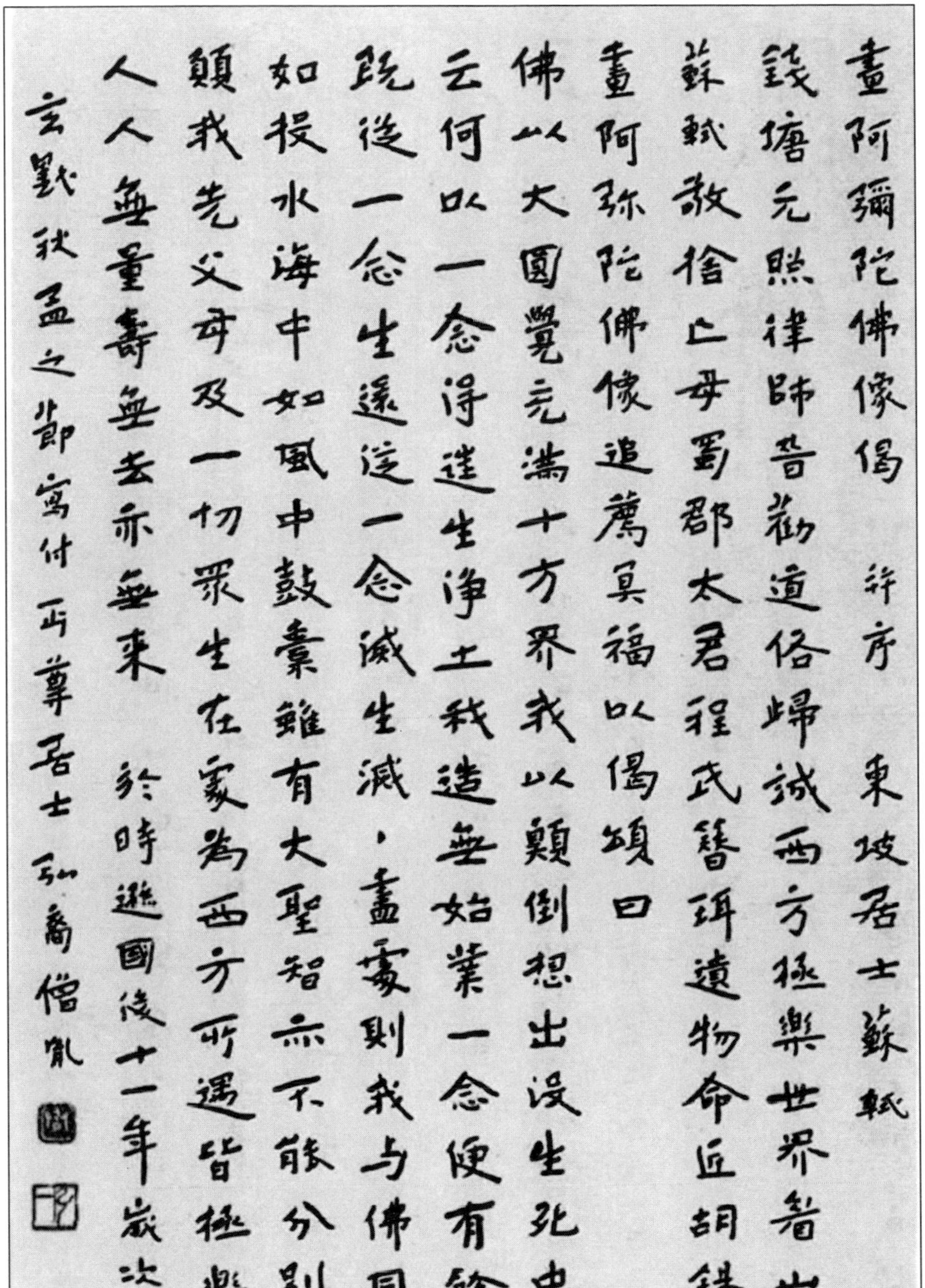

出處：《夏丏尊舊藏弘一法師墨迹》

圖90　弘一法師〈萬古一句七言楷書聯〉

出處:《弘一法師翰墨因緣》

圖91 弘一法師楷書〈勇猛精進橫披〉

出處:《弘一法師翰墨因緣》

圖92 弘一法師篆書〈知止橫幅〉

出處:《弘一法師翰墨因緣》

圖93 弘一法師隸書〈珍重橫幅〉

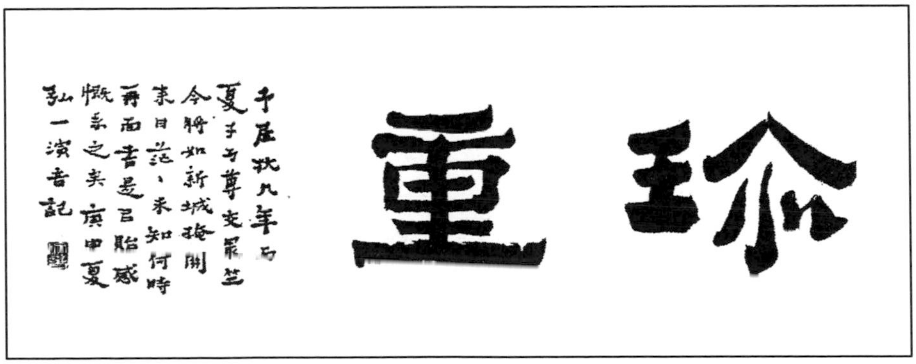

出處:《弘一法師翰墨因緣》

圖 94　弘一法師草書〈南無阿彌陀佛〉直幅

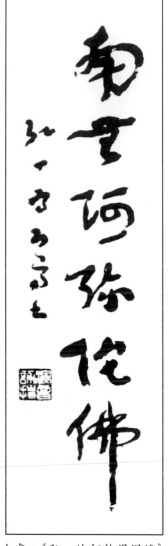

出處：《弘一法師翰墨因緣》

　　民國十二年癸亥（1923），因接受印光法師對寫經上的教誨，弘一法師將
與人廣結善緣、弘揚佛法的寫經和與人交流的書札作了區隔，從此以後，基
本上行草只會在書札中運用，寫經或與格言警訓、與弘法有關的書件，主要
以楷書或行楷為主。此後的寫經作品，代表的有 1924 年的《佛說大乘戒經
卷》、《佛說八種長養功德經卷》，1925 年的小立軸〈地藏菩薩十輪經偈軸〉，
1926 年的《梵網經》、《華嚴經十迴向品·初迴向章》、《普賢行願品偈》一卷、
《地藏菩薩本願經見聞利益品》等。其中《華嚴經十迴向品·初迴向章》，弘

一法師自詡此作「應是此生最精工之作」，太虛法師也曾推譽是作是近數十年來僧人寫經之冠。〔註 47〕

就寫經作品的書風而言，除了《佛說大乘戒經卷》（圖 95）、《華嚴經十迴向品．初迴向章》（圖 96）是鍾繇〈宣示表〉的書風外，大抵是以「變化後魏碑體」為主，而書於 1925 年的小立軸〈地藏菩薩十輪經偈軸〉（圖 97），菩薩名號的書風，相近於〈萬古一句七言楷書聯〉書風，而在十二句經偈部份，字形與書風與〈蘇軾畫阿彌陀佛像偈並序軸〉相近，是「變化後魏碑體」書風的承續之作。

圖 95　弘一法師書《佛說大乘戒經卷》（局部）

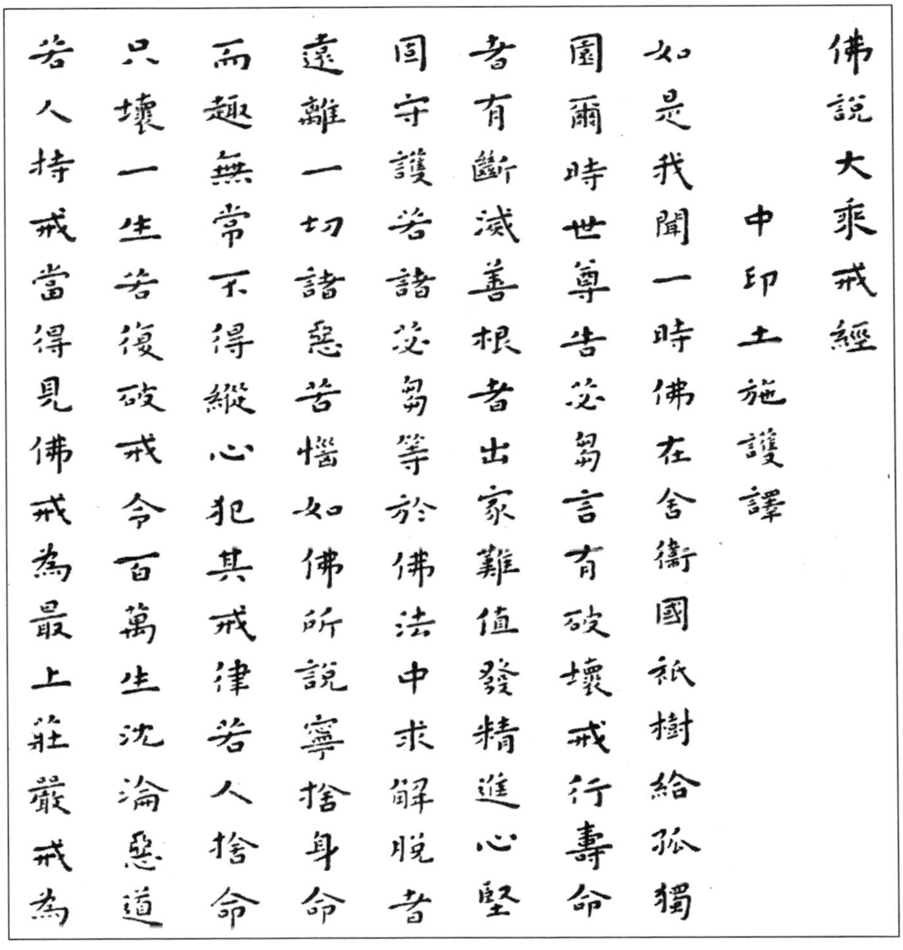
佛說大乘戒經
中印土施護譯
如是我聞一時佛在舍衛國祇樹給孤獨
園爾時世尊告苾芻言有破壞戒行壽命
者有斷滅善根者出家難值發精進心堅
固守護若諸苾芻等於佛法中求解脫者
遠離一切諸惡苦惱如佛所說寧捨身命
而趣無常不得縱心犯其戒律若人捨命
只壞一生若復破戒令百萬生沈淪惡道
若人持戒當得見佛戒為最上莊嚴戒為

出處：《弘一法師書法集》

〔註 47〕蔡冠洛：〈廓爾亡言的弘一大師〉，《弘一大師永懷錄》，頁 254。

圖 96　弘一法師《華嚴經十迴向品・初迴向章》節錄

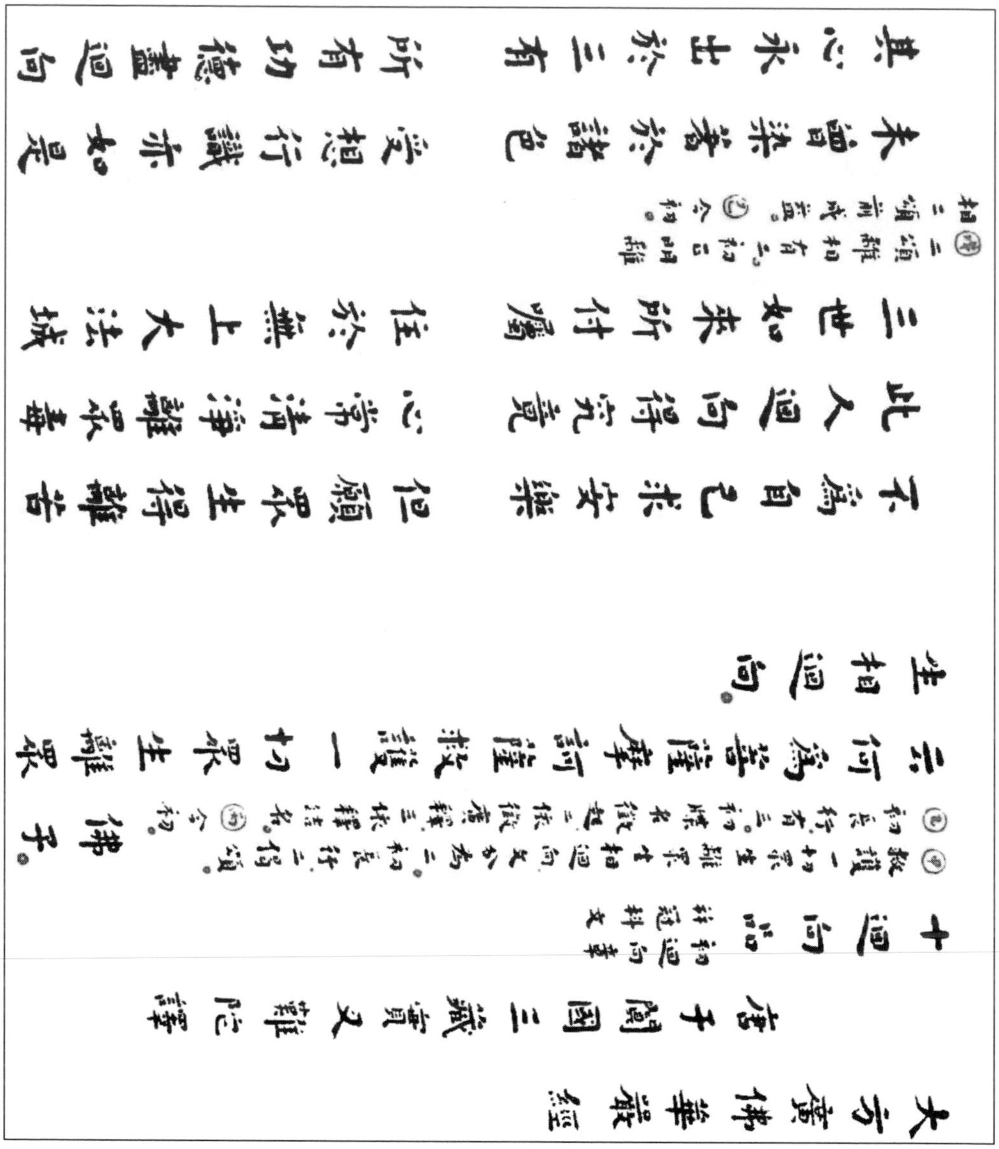

出處：《弘一大師 130 歲誕辰紀念文集》

圖 97　弘一法師〈地藏菩薩十輪經偈軸〉

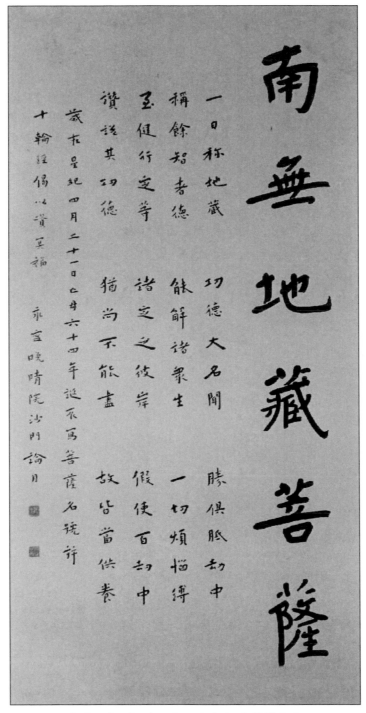

出處：facebook，弘一大師弘法資料平台

　　對「變化後帖體」書風的承續之作，有書奉寂山和尚〈慈照宗主法語軸〉（1928）（圖98）、書《華嚴經偈》（1928）等，而更多見於書札中。

圖98　弘一法師書奉寂山和尚〈慈照宗主法語軸〉

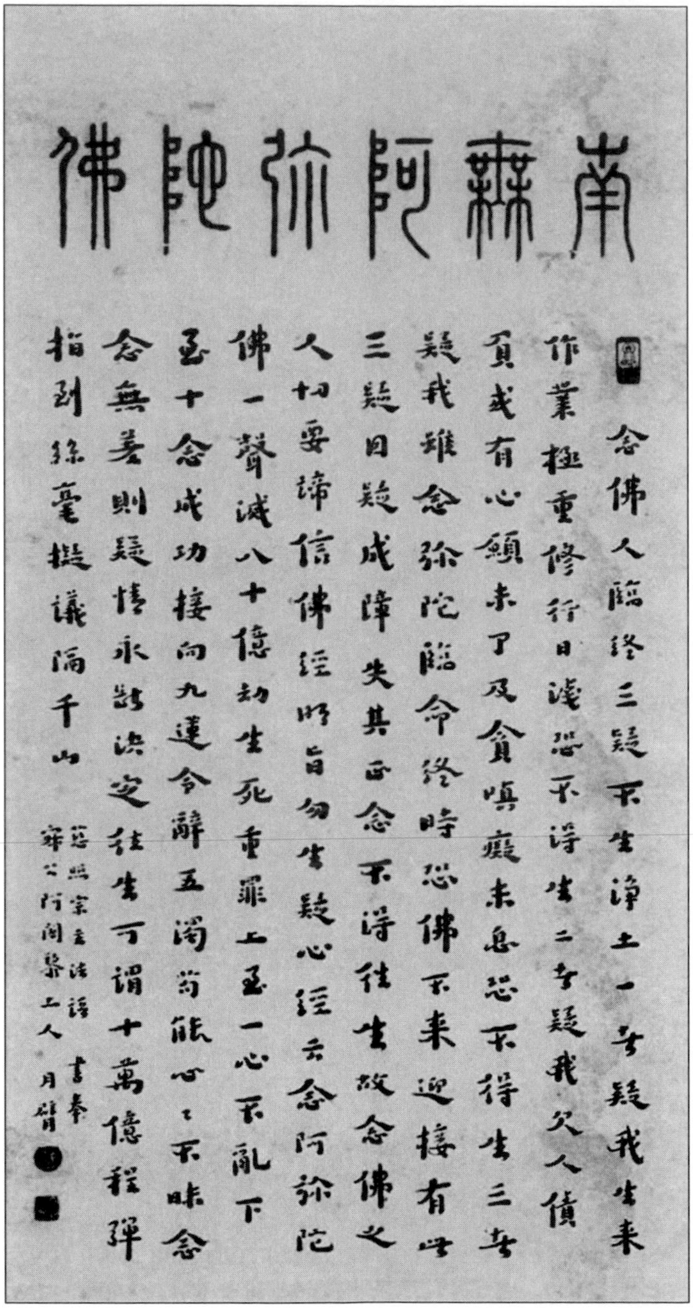

出處：《中華書畫家‧傳世經典》2018 年第 10 期（總 108 期）

二、弘一體形成時期（1929～1932）

民國十八年己巳（1929）夏，白馬湖晚晴山房竣工，弘一法師有一段時間在此居住及周邊寺院修行，直至民國二十一年壬申（1932）秋離開。

這期間有一類的書體似乎是對「變化後魏碑體」存骨去肉這一特色的否定，如〈今日前身七言楷書聯〉（1930）（圖 99）、〈如來普賢八言楷書聯〉（1931）（圖 100）等，集中在庚午（1930）和辛未（1931）這兩年中，用以書寫《普賢行願品偈頌冊》、大批的對聯和一些橫披、佛號立軸等作品。

圖99　弘一法師〈今日前身七言楷書聯〉

出處：《弘一法師翰墨因緣》

圖 100　弘一法師〈如來普賢八言楷書聯〉

出處：《中國書法》2015 年 07 期（總 267 期）

　　不過，這種書體也僅僅出現在這兩年之中，此後再也未曾見過。方愛龍認為，這種書風儘管出現的時間不長，但它畢竟也是弘一法師個人面目強烈並且留下了大量作品的書體，所以也應稱之為「弘一體」。方氏將之稱為「剛性弘一體」，以跟同時間出現的另一種狹義上真正的「弘一體」（方氏將之稱為「逸性弘一體」）作區別。而且方氏推測，形成「剛性弘一體」的直接契機，就是 1930 年應夏丏尊之請為上海開明書店書寫銅模字的緣故，因字模是主要用來印佛經，所以弘一「創造」了這一體勢，後來因為身體狀況不佳

而中止。〔註48〕

　　這一類的書體，以〈如來普賢八言楷書聯〉為例，筆畫變得厚實也比較方，但外輪廓倒是光潔溫潤，有帖書的用筆意味，線條也不再有抖動的表現。而且下聯「普」字中的點畫，以及「虛」、「空」兩字明顯是帖體。大體而言，是具有魏碑的外型，但用筆上已不是碑學上的用筆，因此，這件作品可以視為弘一法師已邁入碑帖圓融的進程。

　　若將這種創造性的書體撇開不管，這期間「變化後帖體」與「變化後魏碑體」皆各自有各自的發展與作品產生。就「變化後帖體」而言，以題寫《護生畫集》初集（1928）為契機，形成如〈李息翁臨古法書序文〉（1929）（圖101）、〈天意人間五言楷書聯〉（1930）（圖 102）、〈平等慈光十言楷書聯〉（1931）（圖 103）、〈清涼歌〉（1932）這類行書筆意較強的作品。以〈平等慈光十言楷書聯〉這件作品為例，從字形上看，明顯是帖體，但筆畫與筆畫間是以斷為主，採用了「變化後魏碑體」的作法。筆鋒入紙時或顯或藏，隨遇而安，自在無礙，而且去除鋒穎，即使筆尖不藏鋒入紙，也能表現出圓潤的筆鋒；筆畫較細，帶來更多的空白，整體上給人一種閒適平靜的觀感。

圖 101　弘一法師〈李息翁臨古法書序文〉（中半段放大）

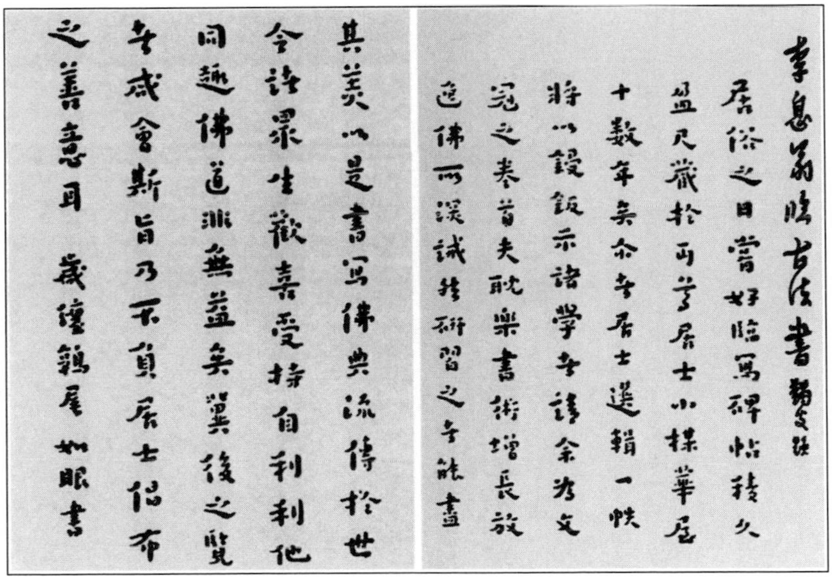

出處：《中華書畫家・傳世經典》2018 年第 10 期（總 108 期）

〔註48〕方愛龍：〈弘一書風分期問題再探討〉，《中國書法》2015 年 07 期（總 267 期），2015 年 7 月，頁 30。

圖 102　弘一法師〈天意人間五言楷書聯〉

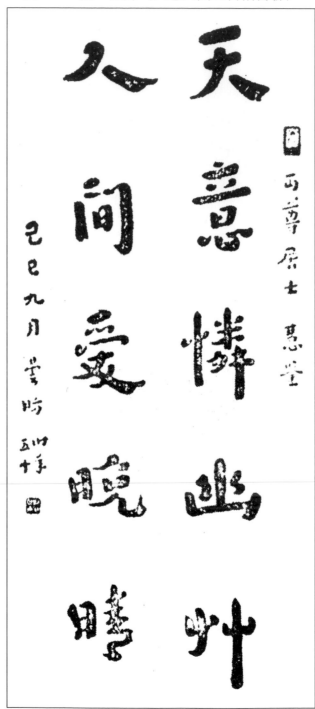

出處：《弘一法師翰墨因緣》

圖103　弘一法師〈平等慈光十言楷書聯〉

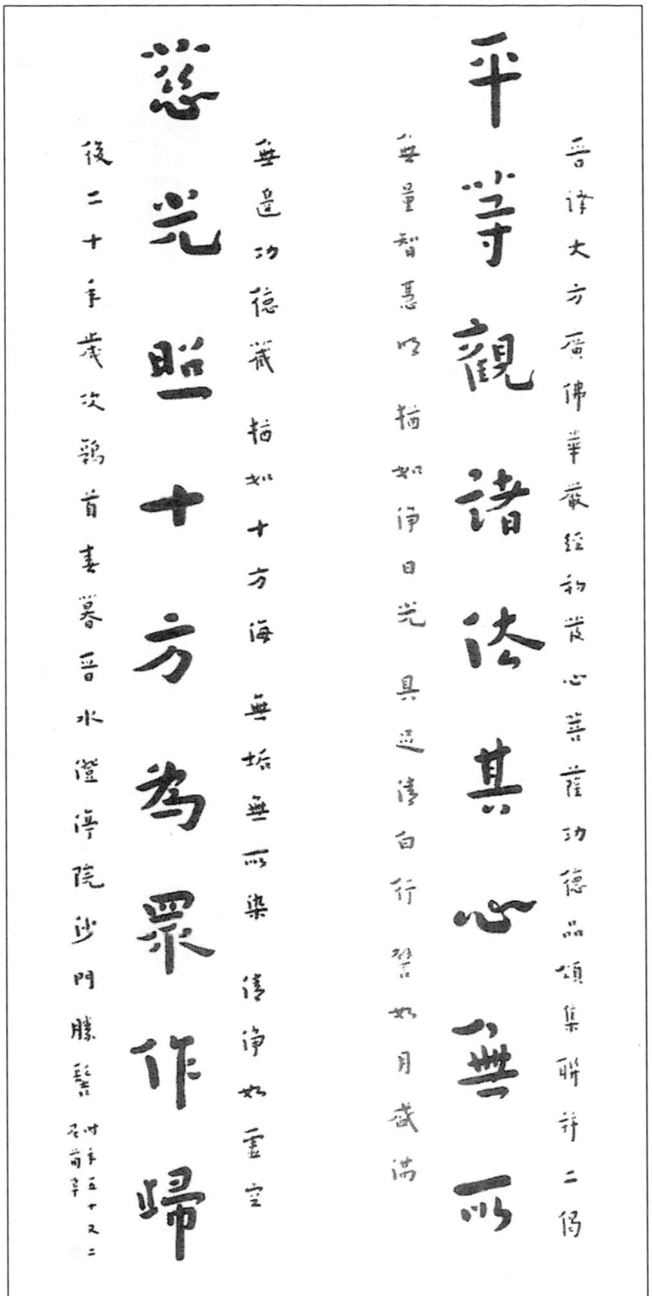

平等觀諸法其心無所染

慈光照十方為眾作歸依

吾諸大方廣佛華嚴經初發心菩薩功德品頌集聯計二偈

無量智慧如猫如淨日光具足清白行皆如月盛滿

無邊功德藏猫如十方海無垢無所染清淨如虛空

後二十年歲次癸酉書晉水蘭若院沙門勝臂

　　就「變化後魏碑體」而言，以書寫《華嚴集聯三百》冊（1930）為契機，形成〈會心泉水六言楷書聯〉（1930）（圖 104）、〈事能人到七言楷書聯〉（1932）（圖 105）、〈花香〉（1932）（圖 106）、〈觀心〉（1932）（圖 107）、及《佛說阿彌陀經》十六條屏（1932）（圖 108）這類結構、用筆工穩的作品。以〈事能人到七言楷書聯〉為例，字形修長，筆畫斷開，中鋒施筆，去除鋒穎，有魏碑體的穩重但又有帖體圓潤的用筆，顯然是碑帖圓融的作品。

圖 104　弘一法師〈會心泉水六言楷書聯〉

出處：《弘一法師翰墨因緣》

圖 105 弘一法師〈事能人到七言楷書聯〉

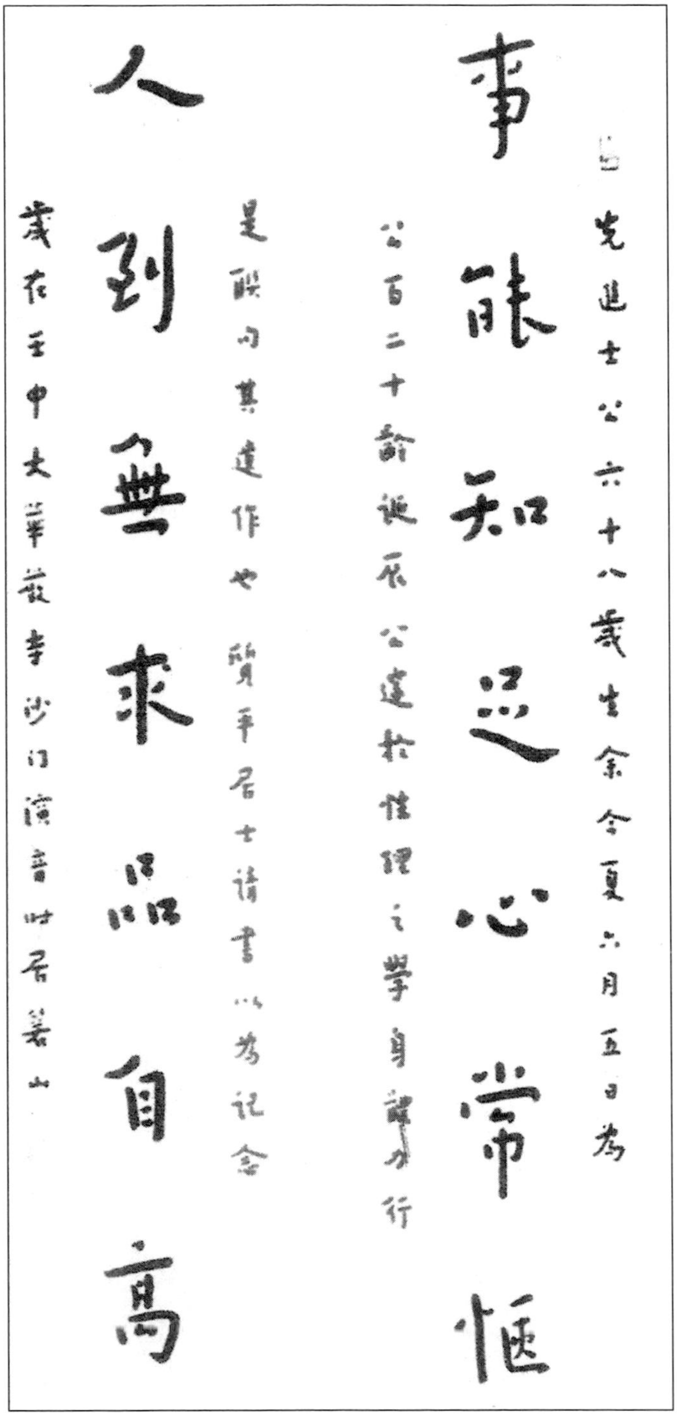

事能知足心常愜

人到無求品自高

出處:《弘一法師翰墨因緣》

圖 106　弘一法師楷書〈花香〉

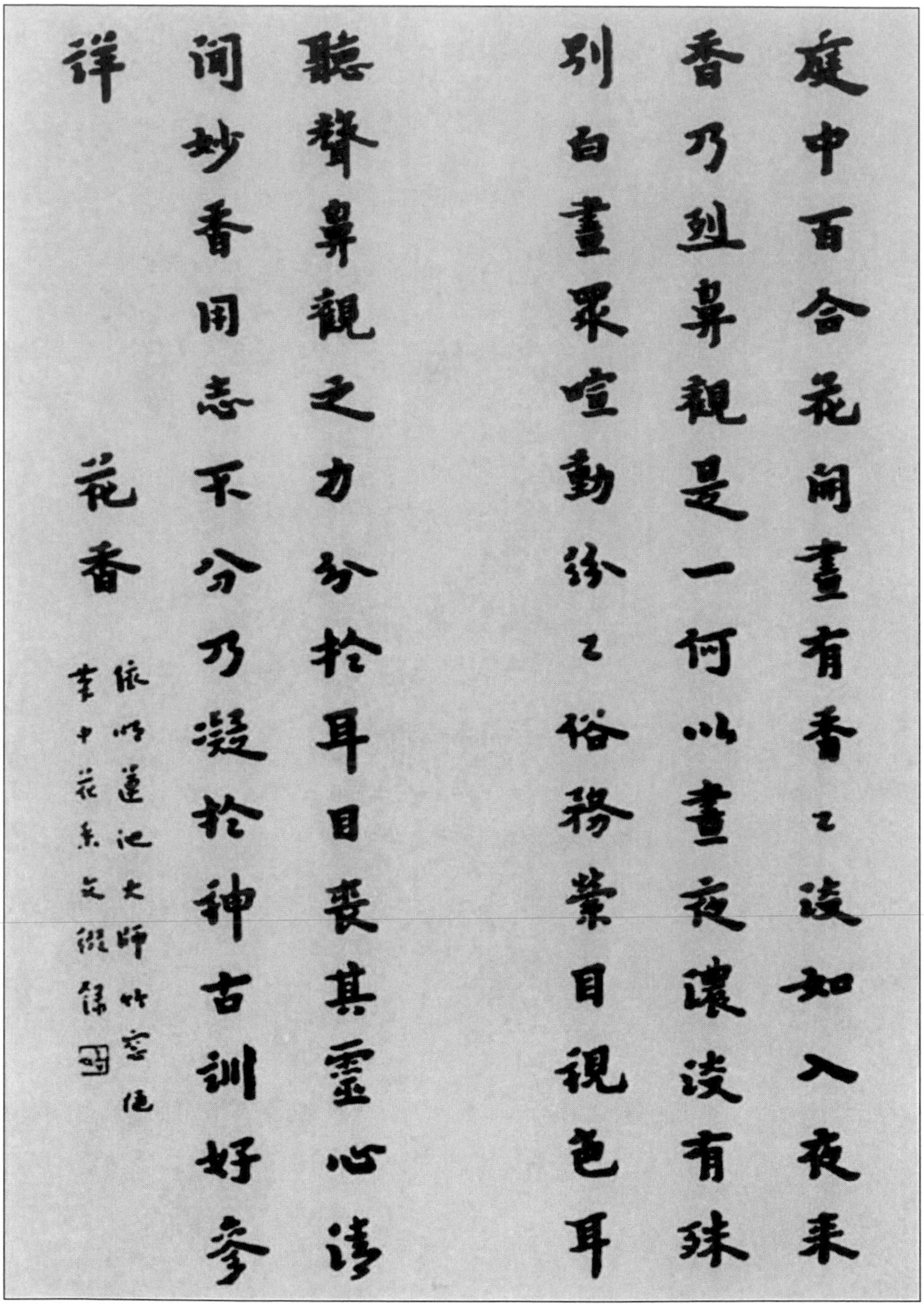
庭中百合花開晝有香〻淺如入夜來
香乃到鼻觀是一何以晝夜濃淺有殊
別白晝眾喧動紛〻俗務縈目視色耳
聽聲鼻觀之力分於耳目喪其靈心靜
聞妙香用志不分乃凝於神古訓好參
詳　花香
依明蓮池大師竹窗隨
筆中花香文微錄

出處：《中華書畫家．傳世經典》2018 年第 10 期（總 108 期）

圖 107　弘一法師〈觀心〉

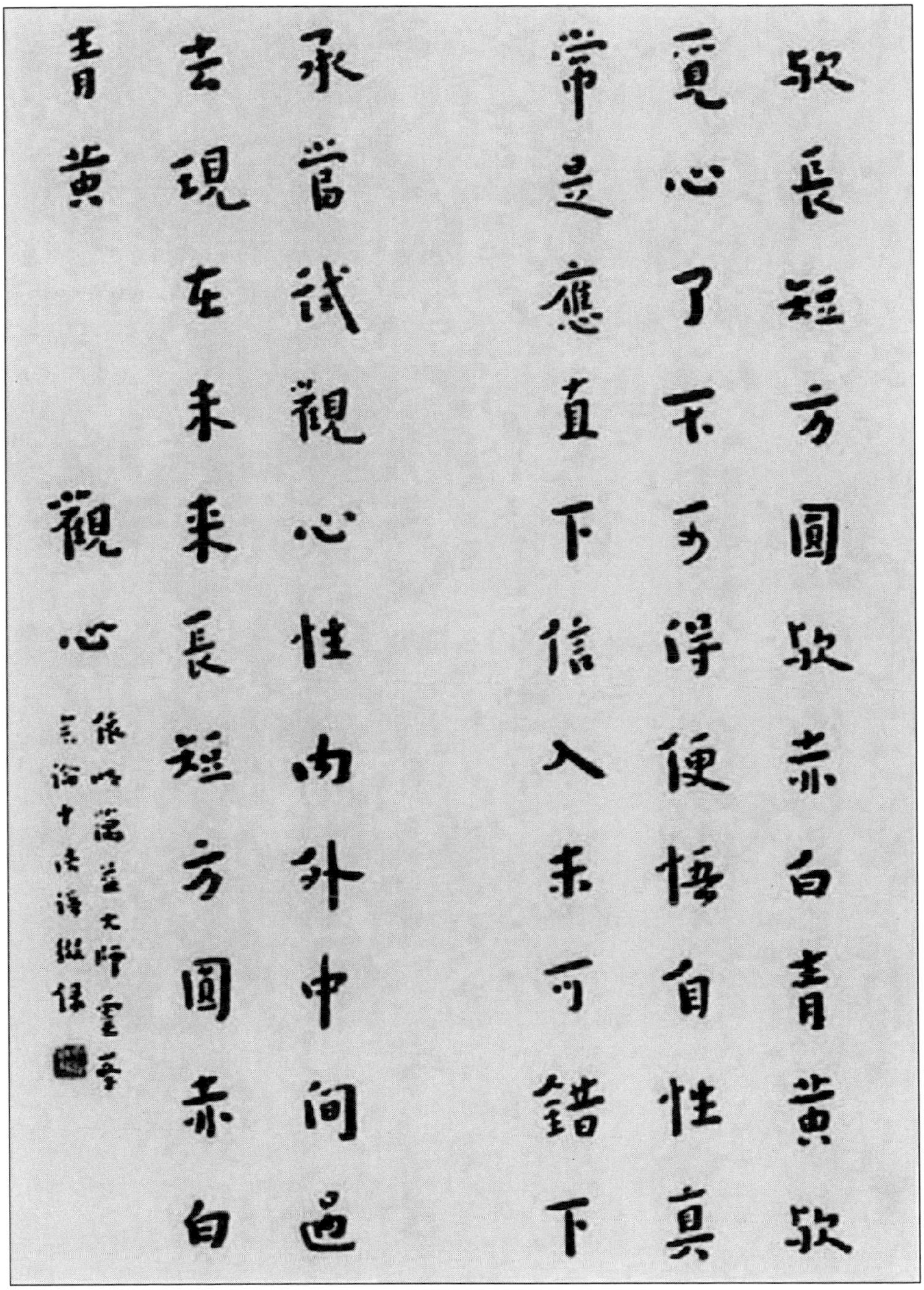

欸長短方圓欸赤白青黃欸

覓心了不可得浮便悟自性真

常是應直下信入未可錯下

承當試觀心性內外中間過

去現在未來長短方圓赤白

青黃

觀心

　　　　錄明藕益大師靈峰

三論十疊詩偈經偈

圖108　弘一法師《佛說阿彌陀經》十六條屏（選錄首末二幅）

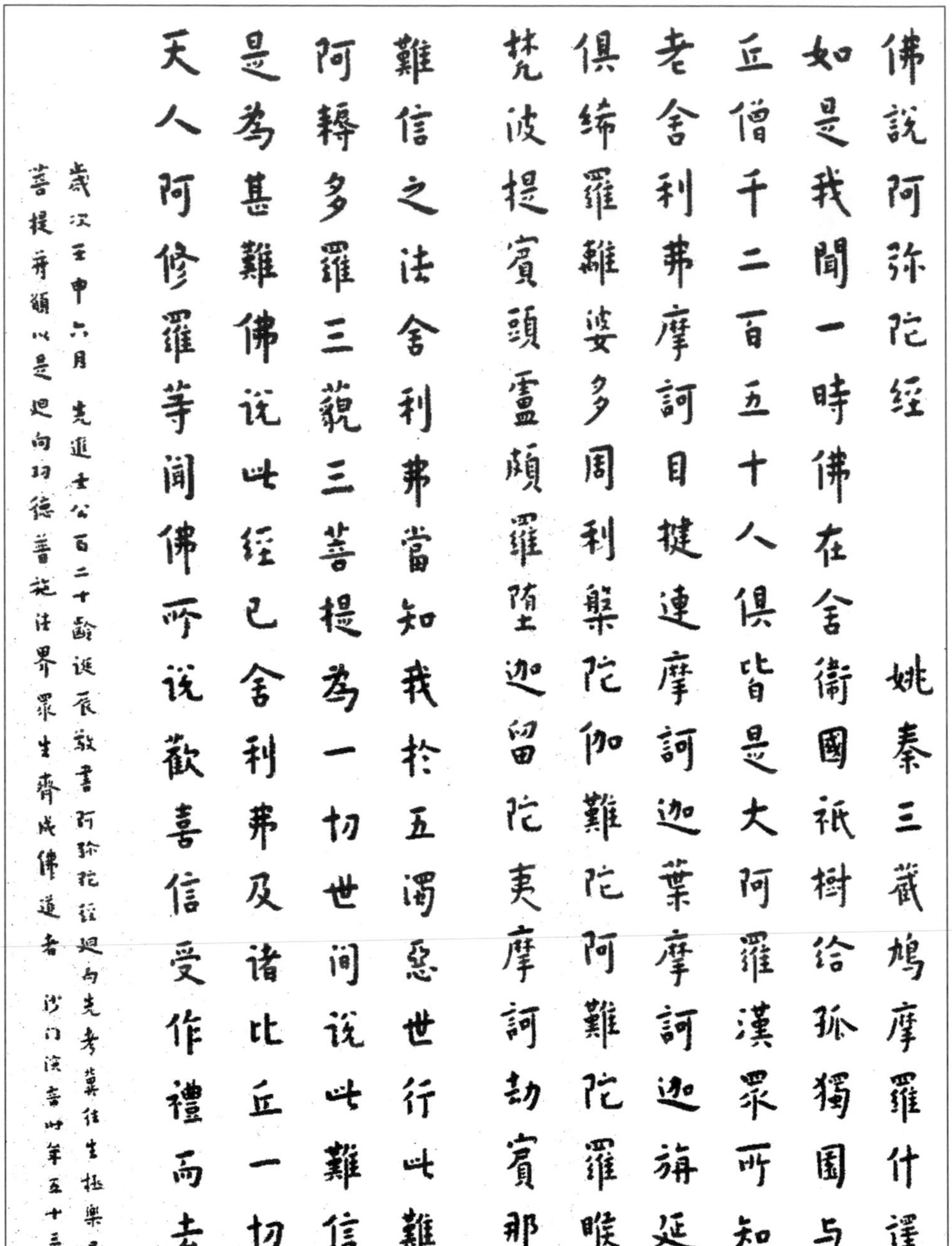

佛說阿弥陀經

姚秦三藏鳩摩羅什譯

如是我聞一時佛在舍衛國祇樹給孤獨園与大比
丘僧千二百五十人俱皆是大阿羅漢眾所知識長
老舍利弗摩訶目揵連摩訶迦葉摩訶迦旃延摩訶
俱絺羅離婆多周利槃陀伽難陀阿難陀羅睺羅憍
梵波提賓頭盧頗羅墮迦留陀夷摩訶劫賓那薄拘
難信之法舍利弗當知我於五濁惡世行此難事得
阿耨多羅三藐三菩提為一切世間說此難信之法
是為甚難佛說此經已舍利弗及諸比丘一切世間
天人阿修羅等聞佛所說歡喜信受作禮而去

歲次壬申六月　先逝士公百二十齡誕辰敬書阿弥陀經廻与先考葉往生極樂平記
菩提弟願以是廻向功德普起法界眾生齊成佛道者　沙門演音时年五十三

出處：《弘一法師翰墨因緣》

　　這兩類發展所產生的作品，基本上已符合馬一浮所贊譽的「刊落鋒穎，一味恬靜，在書家當為逸品」〔註49〕的「弘一體」。日後的發展，即在形成的「弘一體」基礎上，兩種面貌趨向於一種而日益成熟。

　　這一時期小楷的書風也產生變化，如〈書善導大師法語〉（1932）（圖109）這件書作，再加上幾封 1932 年致劉質平的信來看（圖110），這些字的用筆，或輕或重，運用自如，字形稍長，以疏瘦潔淨為主，筆畫分開，起筆收筆到位，橫折外拓圓轉，尤見功夫。用筆與字形上的磨合，至此已能得心應手。周延認為，字形完全豎勢，筆畫中鋒抵紙運筆，剛柔相濟，清腴乾淨。起筆收筆到位，幾乎沒有賊毫。右肩外拓圓轉，尤現功夫，有虞世南《夫子廟堂碑》君子藏器的風範。〔註50〕

圖109　弘一法師〈書善導大師法語〉

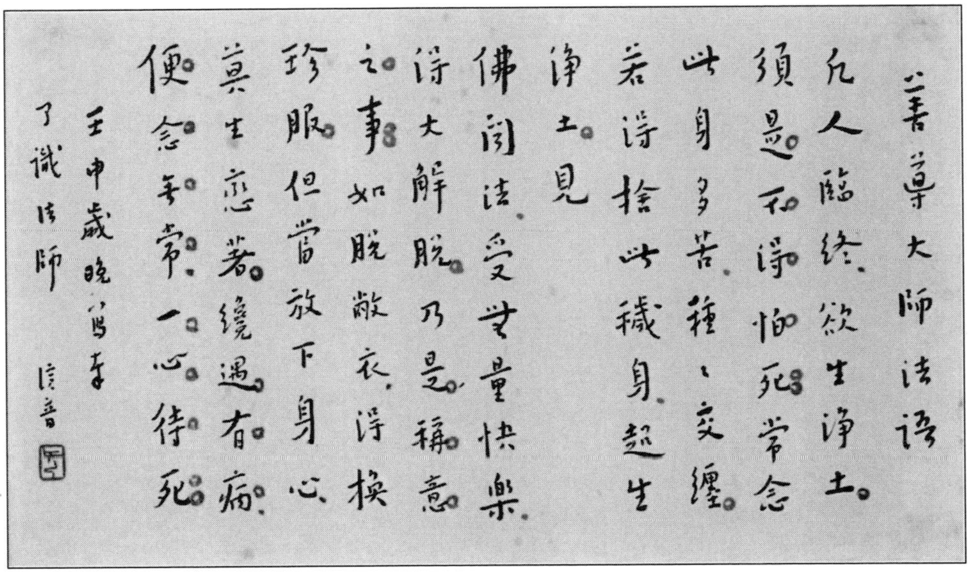

出處：《中華書畫家·傳世經典》2018 年第 10 期（總 108 期）

〔註49〕馬一浮：〈跋弘一大師《華嚴》集聯墨蹟·一九三七年十二月十五日〉，《馬一浮集》第二冊，頁 82～83：「大師書法得力於《張猛龍碑》，晚歲離塵，刊落鋒穎，一味恬靜，在書家當為逸品」。

〔註50〕周延：〈弘一法師書法風格的分期及演變〉，《中華書畫家·傳世經典》2018 年第 10 期（總 108 期），2018 年 10 月，頁 21。

圖 110　弘一法師 1932 年致劉質平書信例舉

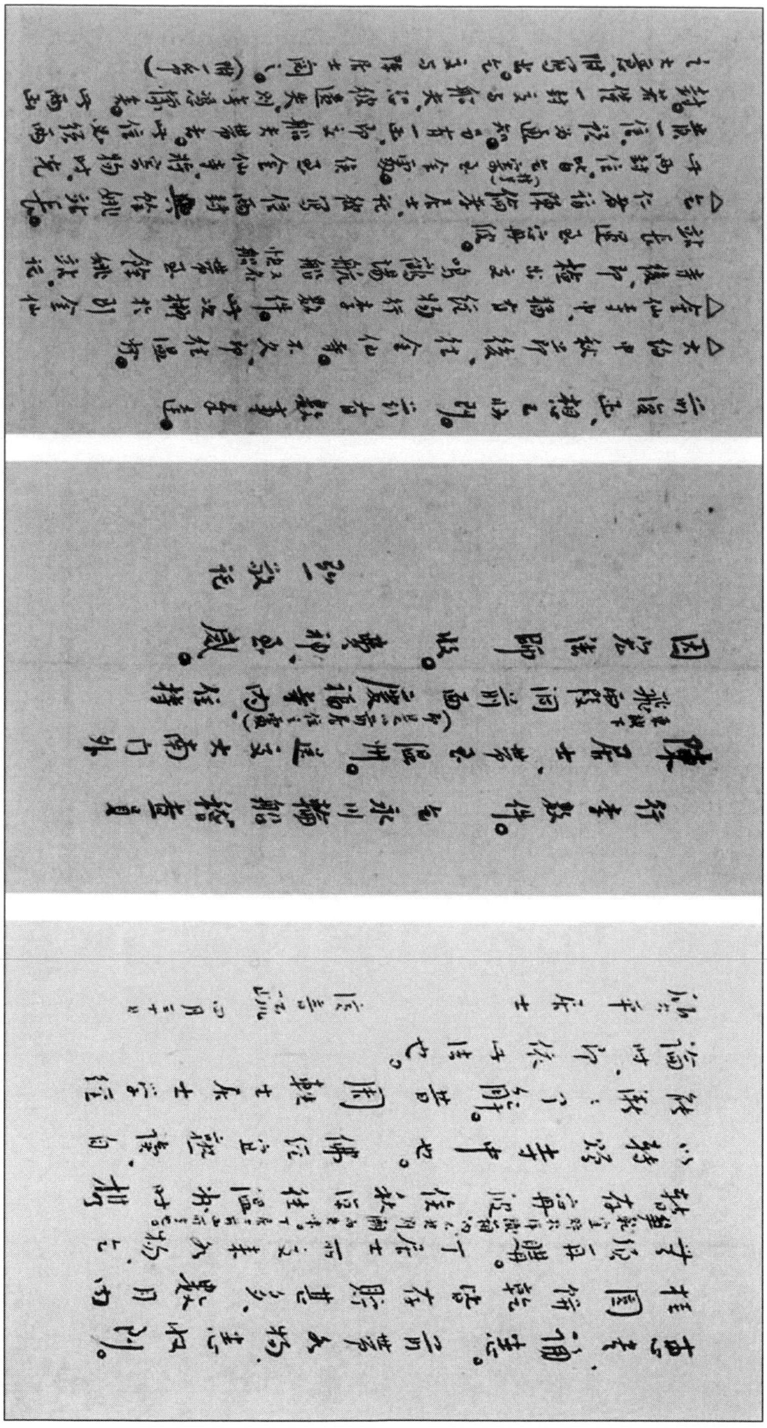

出處：《弘一大師全集．八》

　　在這一時期尚有一件篆書作品，於 1929 年書贈劉質平的〈具足大悲心橫披〉（圖 111），可作為出家後的篆書代表作。

圖 111　弘一法師書贈劉質平〈具足大悲心橫披〉（跋語部分放大）

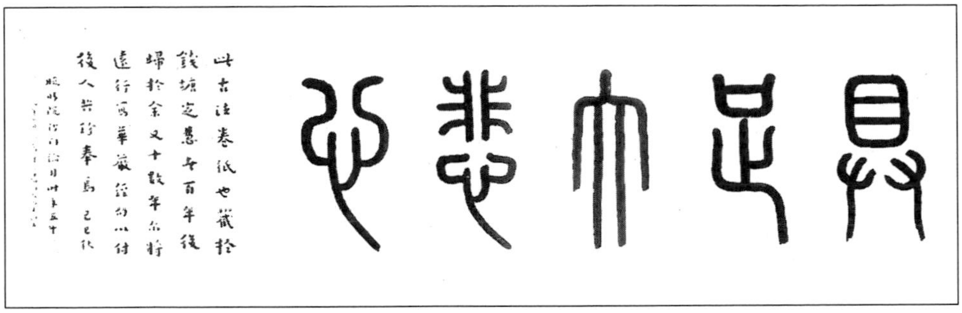

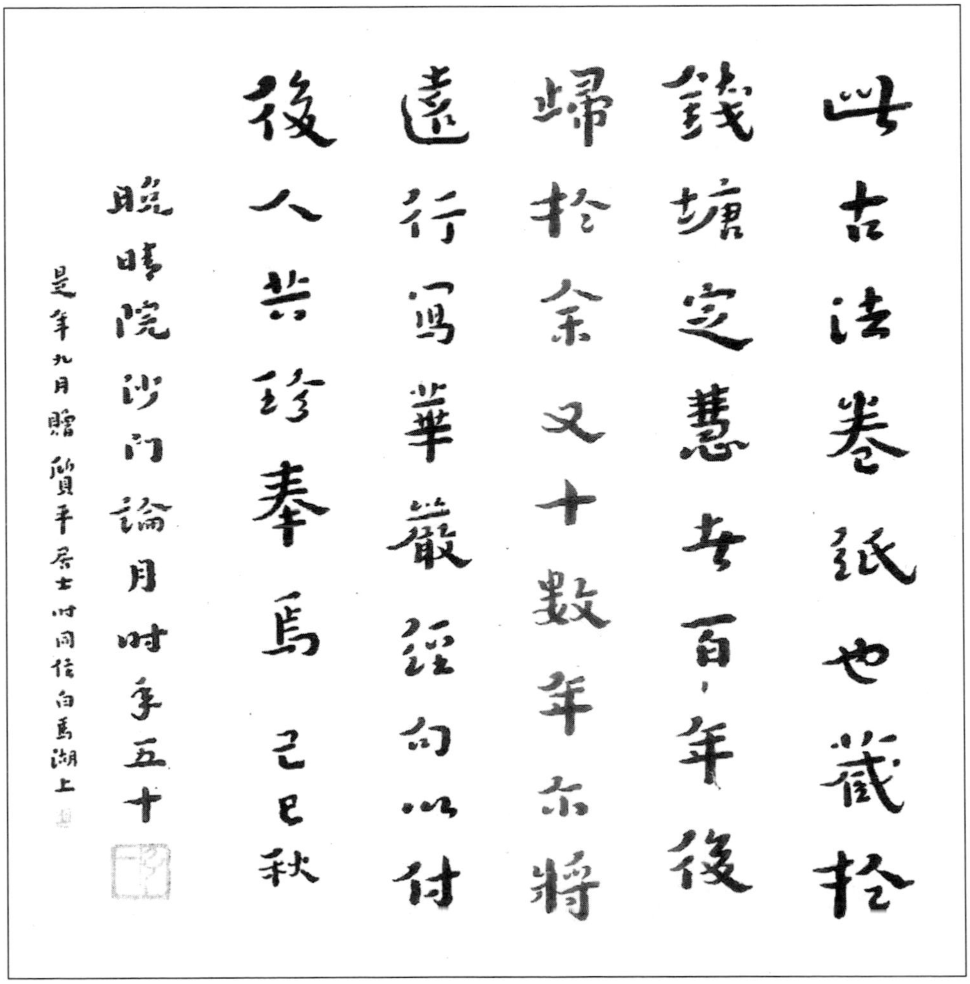

出處：《弘一法師書法集》

三、弘一體成熟時期（1933～1942）

　　這一時期呈現於書札和各種樣式的書件之風格，日趨於統一，大抵是對前期所形成的弘一體特色之延續與成熟。較明顯的變化是字形愈益修長，原已分開的筆畫因而拉得更開，而筆畫漸從豐腴趨向疏瘦，可能與弘一法師的健康狀況有關。

　　代表的典型作品有：書奉廉津法師〈如來普賢八言楷書聯〉（1933）（圖112）、書贈劉質平〈般若波羅蜜多心經四條屏〉（1933）（圖113）、〈願盡誓捨十六言楷書聯〉（1933）（圖114）、書奉大開元萬壽禪寺〈佛日法輪四言楷書聯〉（1934）（圖115）、〈五言絕句〉（1935）、〈究竟清涼〉（1935）、〈供養得成七言楷書聯〉（1937）（圖116）、〈七言詩一首扇面〉（1938）、〈節錄唐黃檗禪師詩句〉（1938）（圖117）、書奉善見法師〈一心萬善六言楷書聯〉（1939）、書奉了智法師〈速見勤修十四言楷書聯〉（1939）、〈一心平等五言楷書聯〉（1939）、〈普賢菩薩十大願王中堂〉（1939）（圖118）、《護生畫集》續集題辭及《護生畫集》初集題辭重寫本（1939）、〈坐享自忖六言楷書聯〉（1940）、〈身披忍辱甲軸〉、〈閩南佛法四言楷書聯〉（1941）、〈三省橫披〉（1941）、〈靈峰大師警訓四聯屏〉（1942）、〈念佛不忘救國橫幅〉（1942）等，沒有紀年的作品有〈佛字中堂〉（圖119）、〈憶母堂橫幅〉、〈以戒為師橫幅〉、〈老實念佛橫幅〉、〈佛華嚴經偈橫幅〉、〈見一無昇四言楷書聯〉等作品。

圖 112　弘一法師書奉廉津法師〈如來普賢八言楷書聯〉

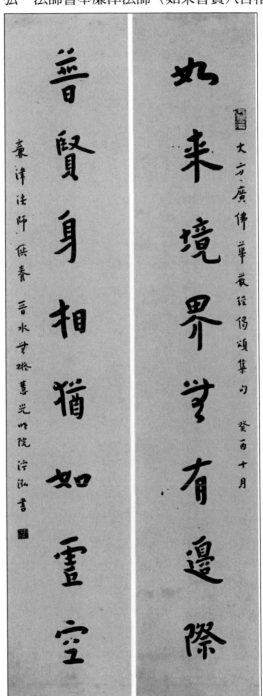

出處：《中華書畫家・傳世經典》2018 年第 10 期（總 108 期）

圖113　弘一法師書贈劉質平〈般若波羅蜜多心經四條屏〉

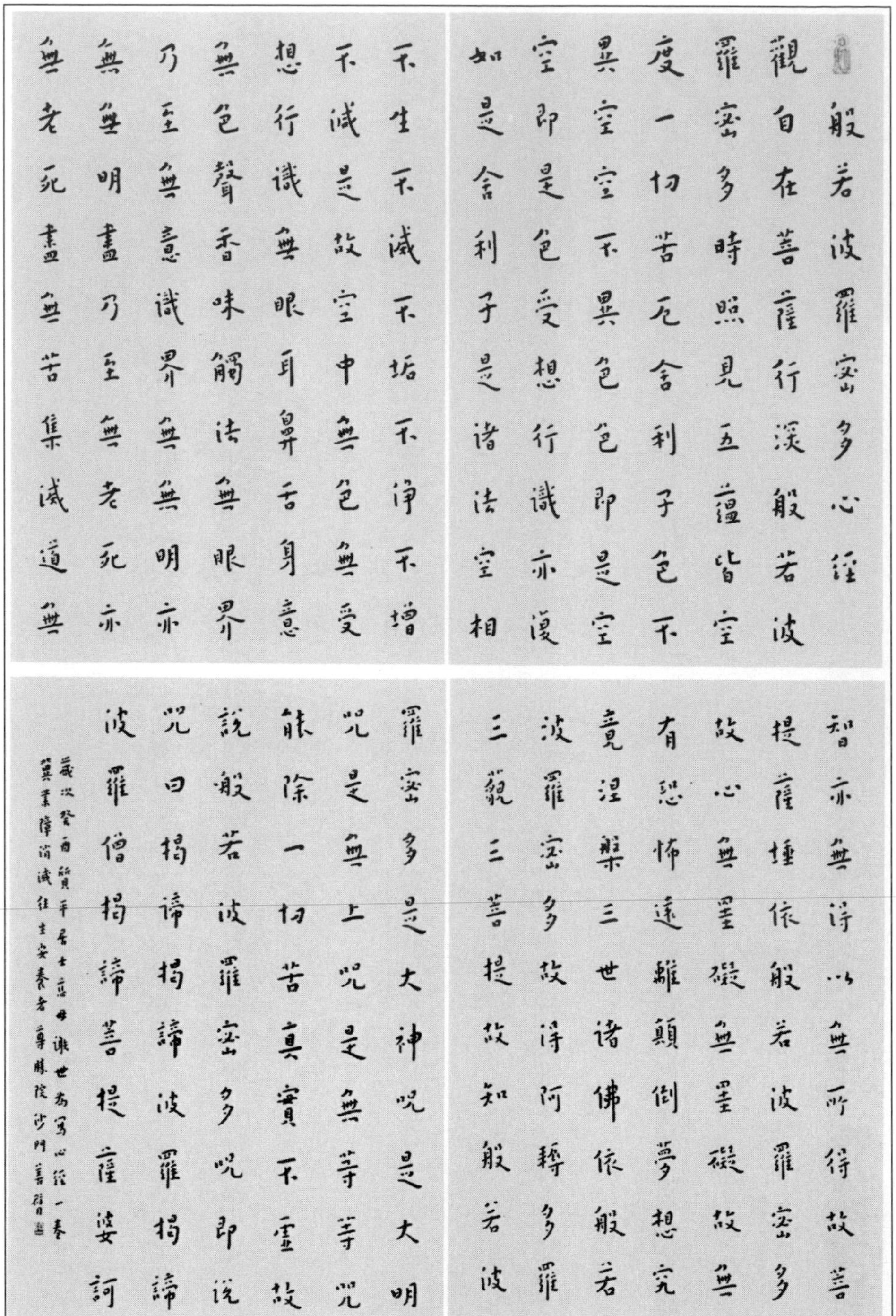

般若波羅蜜多心經　觀自在菩薩行深般若波羅蜜多時照見五蘊皆空　度一切苦厄舍利子色不異空空不異色色即是空空即是色受想行識亦復如是舍利子是諸法空相

不生不滅不垢不淨不增不減是故空中無色無受想行識無眼耳鼻舌身意無色聲香味觸法無眼界乃至無意識界無無明亦無無明盡乃至無老死亦無老死盡無苦集滅道無

智亦無得以無所得故菩提薩埵依般若波羅蜜多故心無罣礙無罣礙故無有恐怖遠離顛倒夢想究竟涅槃三世諸佛依般若波羅蜜多故得阿耨多羅三藐三菩提故知般若波

羅蜜多是大神呪是大明呪是無上呪是無等等呪能除一切苦真實不虛故說般若波羅蜜多呪即說呪曰揭諦揭諦波羅揭諦波羅僧揭諦菩提薩婆訶

歲次癸酉質平居士遠母謝世為寫此經一卷　莫業障消滅往生安養者　弘一釋演音　勝躵院沙門善莊書

出處：《弘一法師翰墨因緣》

圖 114　弘一法師〈願盡誓捨十六言楷書聯〉

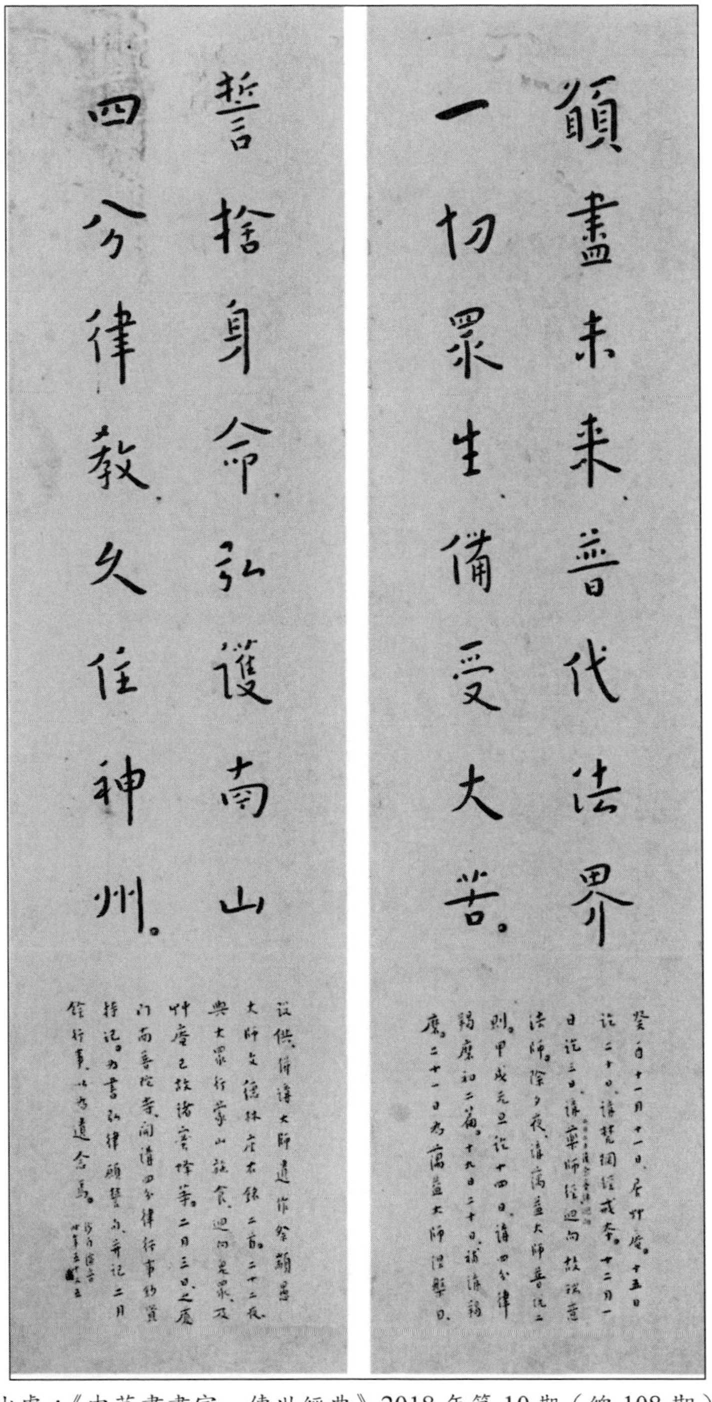

誓捨身命弘護南山
四分律教久住神州。

願盡未來普代法界
一切眾生備受大苦。

圖 115　弘一法師書奉大開元萬壽禪寺〈佛日法輪四言楷書聯〉

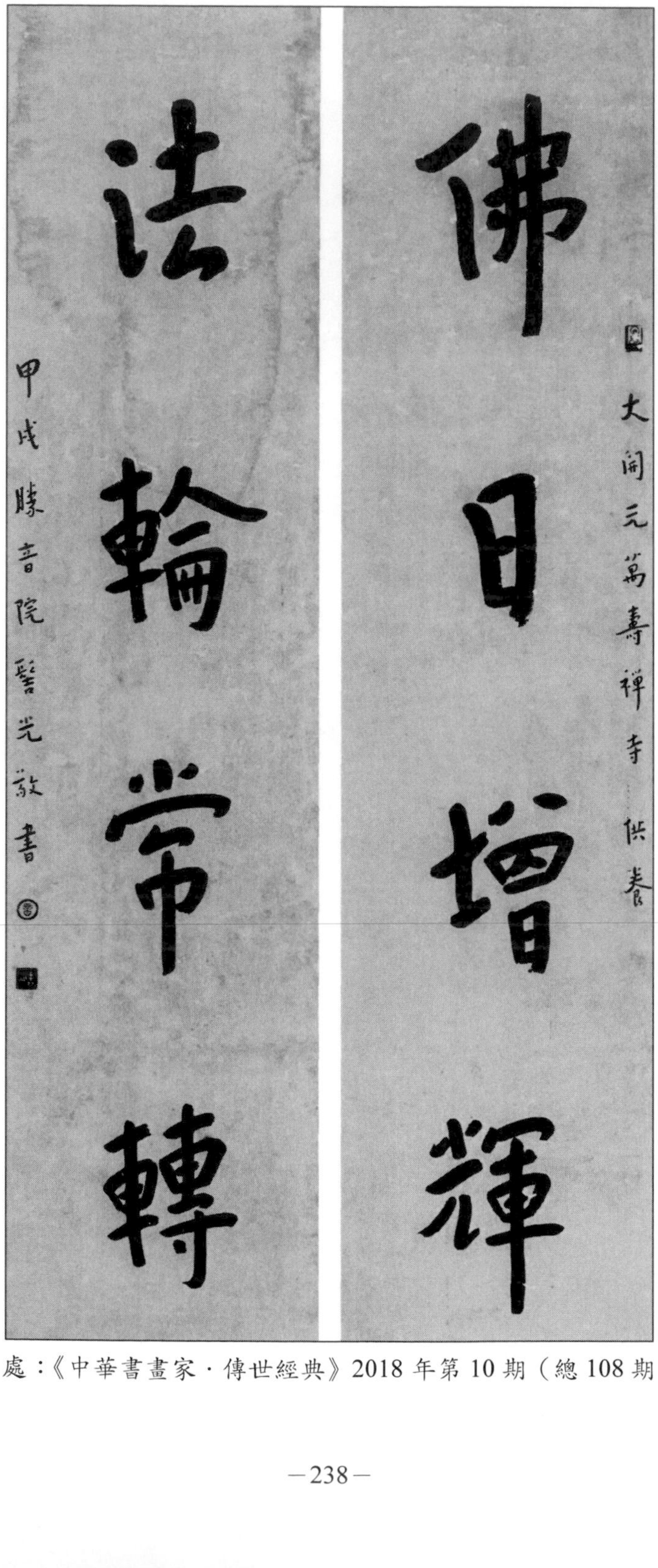

法輪常轉

佛日增輝

甲戌臘音院醫光敬書

大開元萬壽禪寺供養

出處：《中華書畫家・傳世經典》2018 年第 10 期（總 108 期）

圖 116　弘一法師〈供養得成七言楷書聯〉

出處：《中華書畫家・傳世經典》2018 年第 10 期（總 108 期）

圖 117　弘一法師〈節錄唐黃檗禪師詩句〉

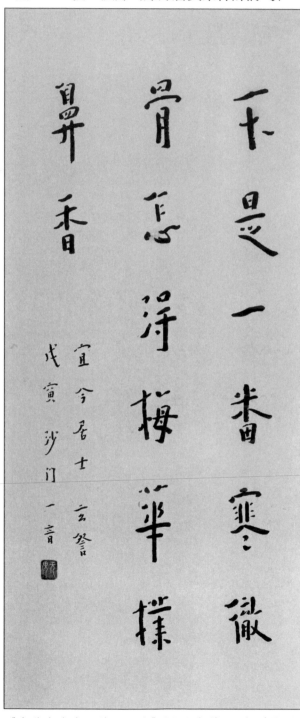

出處：《中華書畫家・傳世經典》2018 年第 10 期（總 108 期）

圖 118　弘一法師〈普賢菩薩十大願王中堂〉

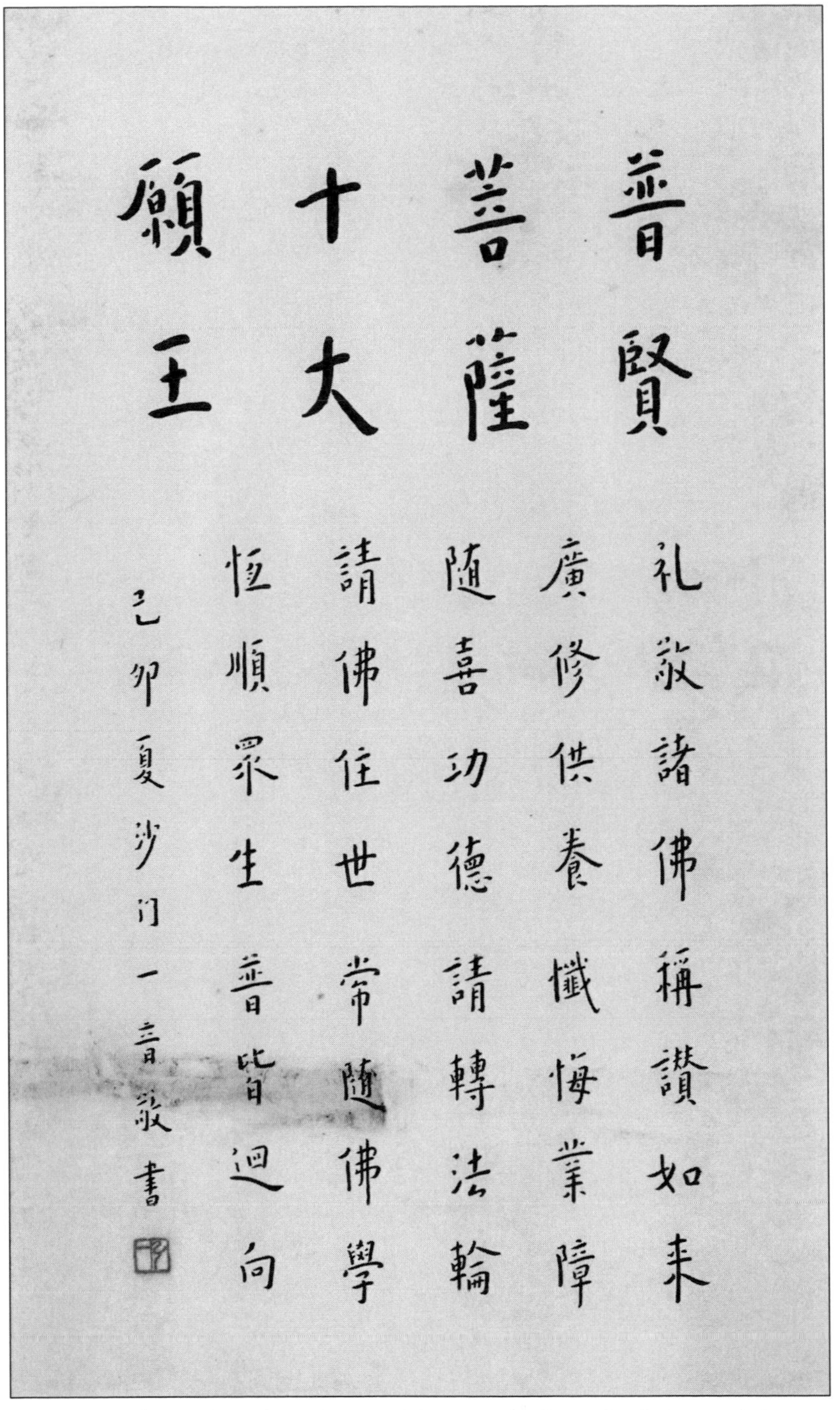

普賢菩薩十大願王

礼敬諸佛　稱讚如來　廣修供養　懺悔業障　隨喜功德　請轉法輪　請佛住世　常隨佛學　恒順眾生　普皆迴向

己卯夏沙門一音敬書

出處：《中華書畫家・傳世經典》2018 年第 10 期（總 108 期）

圖 119　弘一法師〈佛字中堂〉

出處：《弘一法師書法集》

這時期的寫經作品以 1936 年養疴期間所書《阿彌陀經》、《金剛經》，以及病癒後所書《藥師經》等，是晚年最經典的寫經作品。

這一期間，小字有〈莫嫌老圃句〉（圖 120）、〈鏡花水月句〉、〈菩薩四攝行〉（圖 121）等，篆書與朱書作品如〈元旦試筆朱書格言〉（1942）（圖 122）等漸次增多，而 1942 年 10 月 10 日上午為黃福海居士題寫紀念冊之文字，可以看作是最後的「弘一體」。

圖 120　弘一法師小字〈莫嫌老圃句〉

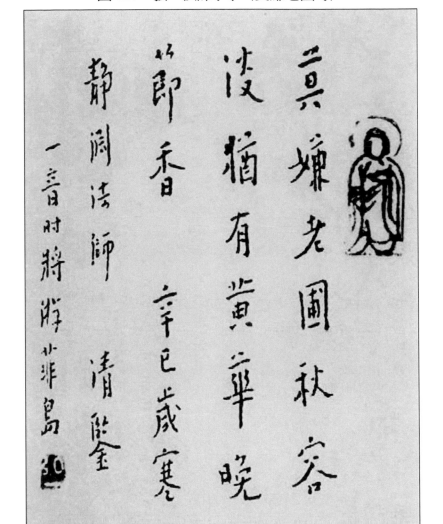

出處：《中華書畫家·傳世經典》2018 年第 10 期（總 108 期）

圖 121　弘一法師〈菩薩四攝行〉，時臥病草庵

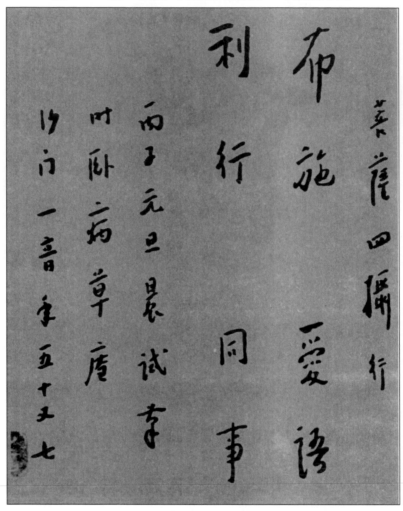

出處：《弘一法師書法集》

圖 122　弘一法師〈元旦試筆朱書格言〉（局部）

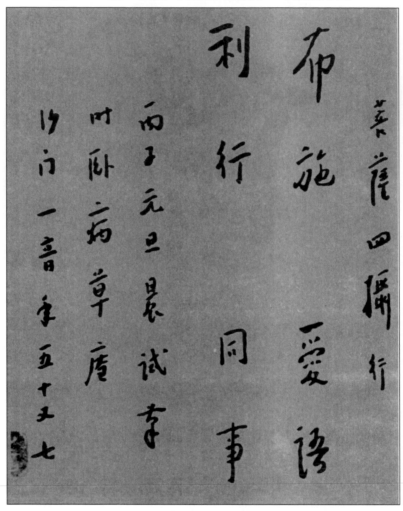

出處：《書藝珍品賞析·李叔同》

四、最後絕筆

民國三十一年壬午（1942）舊曆三月起，弘一法師移居泉州不二祠溫陵養老院晚晴室，直至同年九月初四日圓寂。在廿八日（10 月 7 日）下午，自寫遺囑於廢舊的信封上。臨終前三日，即九月初一（10 月 10 日），似乎預感自己病重即將辭世，故抱病而起，囑侍者妙蓮法師研墨，上午為黃福海居士題寫紀念冊，下午拿一張寫過字的舊紙片寫「悲欣交集」（圖 123）付妙蓮，是為最後之絕筆。

圖 123 弘一法師書「悲欣交集」四字與侍者妙蓮法師，
是為最後之絕筆

出處：《書藝珍品賞析·李叔同》

　　這一件臨終遺墨，從墨色的濃淡變化來看，有兩次沾墨，分寫兩小段文字。兩次書寫的前後順序，依照弘一法師寫信與寫作品的習慣來判斷，主體內容先寫，之後再落款記錄時日名號。因此，第一次沾墨，或許沾得不多，也有可能是稍稍潤一下筆頭，畢竟上午才題寫紀念冊而已，所以在寫主體內容「悲欣交集見觀經」之後，已經是枯乾滯澀，不得不沾墨。

　　第二次沾墨後，先畫上「。」這個句號，這是弘一法師寫信的習慣，會自行斷句，可參看圖110（頁232）弘一法師寫給劉質平的書信，寫給其他人也是如此，這是弘一法師細心體貼之處。斷句之後，應該接著在下一行落款，記下時日名號，但已經沒有空間書寫，於是挪到最右邊落款，從右上角寫下「九月初一日下午六時寫」。接著，可能還想記下什麼事，在右下角寫「初一日下午九——」，因為「九」之後一個字被圖版切掉，依文意應該是「時」字，之後還有幾個字是被塗抹掉，或許覺得不必多說，於是作罷。

　　由於「九」這一字看起來也像是「六」字，如果是「六」字，那麼落款的起初位置就變成在右下角，塗抹掉的字應該是自己的名號。後來可能覺得落款在右下角不妥當，於是在右上角重新落款，只記下時日，最後再將右下角的名號塗抹掉，形成最後臨終遺墨的整體畫面。不過，右下角的文字不具意義，可不必視為臨終遺墨的內容。

　　因此，臨終遺墨的具體內容是：「悲欣交集見觀經。九月初一日下午六時寫」。就內容來看，像是弘一法師有事要交代妙蓮侍者，不像是在臨終時進行的書法創作，畢竟拿的是一張書寫過的舊信紙，還寫在背面，落款又不得不落在前面；不過，往往這樣信手寫來的字，更具鑑賞價值。至於是不是弘一法師臨終前記下自己的悟道境界呢？這問題引發後人不少的解讀與詮釋。

　　認為這件臨終遺墨是弘一法師記下自己的悟道境界者，是圍繞著「悲欣交集」這四字作解讀，並有著一己之詮釋。這些詮釋，完全未提及「見觀經」代表著什麼意思。例如，《弘一大師永懷錄》中，陳秋霞〈弘一大師生西有感〉、大空〈痛念弘一大師之慈悲〉等篇；〔註51〕林清涼〈弘一大師「悲欣交集」論析〉一文中所列舉，幾位較為著名的詮釋，如：葉聖陶、馬一浮、朱光潛、錢仁康、豐子愷等人；〔註52〕陳慧劍〈弘一大師的生命終結哲學〉，〔註53〕台

〔註51〕《弘一大師永懷錄》，頁261、292。
〔註52〕林清涼：〈弘一大師「悲欣交集」論析〉，《中國美學》2016年第2期，2016年12月，頁241～263。
〔註53〕陳慧劍：〈弘一大師的生命終結哲學〉，《弘一大師論》，頁219～223。

灣研究弘一大師用力最深者之一，亦是如此。崔衛、方愛龍等人，也是在賞析這件臨終遺墨的書法藝術之後，進一步道出弘一法師寫「悲欣交集」的心境。〔註54〕近十幾年來發表的期刊論文亦然，〔註55〕更遑論傳記小說中的演繹。

　　晚近開始有人注意到「見觀經」三字，如明誠居士〈悲欣交集見觀經──弘一法師命終絕筆新解〉一文，在批判一些人的誤讀之餘，從淨土教義重新詮釋「悲欣交集」，並認為弘一法師是用「見觀經」三字，直陳自己花開見佛、明心見性的殊勝。筆者認為，這仍是在肯定「悲欣交集」是弘一法師之悟境後的進一步延伸。

　　總之，詮釋弘一法師最後絕筆：「悲欣交集」，已成為一個緬懷追思其人的主題，儘管切入的角度不同，解讀的內涵各異，然皆可感受到詮釋者對弘一法師的推崇與敬仰之情。

　　不過，既然「悲欣交集」是弘一法師記下自己悟道的境界，為什麼還要標注「見觀經」三字呢？既然要「見觀經」，還能算是自己的悟道境界嗎？所以，「悲欣交集」四字肯定不是弘一法師自己的悟道境界。

　　那麼，是否另有所指？從字面上看，最容易聯想到的是，弘一法師要指明「悲欣交集」這四字的出處，所以標注「見觀經」。所謂「觀經」，是指《佛說觀無量壽佛經》，劉宋西域三藏法師畺良耶舍譯，與《佛說大乘無量壽莊嚴清淨平等覺經》、《佛說阿彌陀經》，合稱「淨土三經」。只是，翻遍全經，找不到「悲欣交集」四字。這四字經萬里、林清涼的考證，雖然常見於歷代佛教經律論與注疏中，但真正使「悲欣交集」經典化者，是唐代翻譯的《楞嚴經》。〔註56〕

〔註54〕崔衛：《書藝珍品賞析・李叔同》，頁 26；方愛龍：《殷紅絢彩──李叔同傳》，頁 188～189。

〔註55〕筆者所見有以下幾篇：蘭娟娟〈弘一法師「悲欣交集」的筆意〉，《四川文物》1998 年 05 期，1998 年 10 月，頁 49～50；楊江波〈弘一法師「悲欣交集」與其書法涅槃境界〉，《美術界》2010 年 07 期，2010 年 7 月，頁 88；海波〈「悲欣交集」──弘一法師生死觀探秘〉，《西北大學學報（哲學社會科學版）》，2010 年 06 期，2010 年 11 月，頁 27～31；陳飛鵬〈「悲欣交集」解讀〉，《中國書法》2015 年 13 期，總 267 期，2015 年 7 月，頁 63～67；江小敏〈細讀弘一大師之「悲欣交集」〉，《美育學刊》2018 年第 1 期，第 9 卷，總第 44 期，2018 年 1 月，頁 83～93。

〔註56〕萬里：〈從「悲欣交集」看弘一法師與蕅益智旭的佛學淵源與路徑〉，《世界宗教文化》2010 年第 6 期，2010 年 12 月，頁 34～39；林清涼：〈弘一大師「悲欣交集」論析〉，《中國美學》2016 年第 2 期，2016 年 12 月，頁 241～263。

　　既然出處不在《觀經》，會不會是弘一法師記錯誤寫呢？弘一法師未出家前，在斷食試驗後，已開始閱讀《楞嚴經》、《大乘起信論》等佛教經論，出家後，深研律學、華嚴與淨土教義，並以淨土法門為歸宿，不可能不熟知淨土三經；加之其嚴謹認真的人格特質，可初步排除記錯的可能性。因此，筆者以為，弘一法師在寫「悲欣交集」後，加注「見觀經」三字，必有其動機與用意。

　　其實，這不是弘一法師第一次使用「悲欣交集」，依筆者所見，排除抄錄蕅益大師文句法語偈頌、他人書信中之使用、對他人感受之預期等情況，真正與弘一法師自己有關者，計有五次。

　　第一次是在民國十三年甲子（1924），四十五歲時，在《四分律比丘戒相表記‧自序》中，回憶自己受比丘戒時，馬一浮贈與《靈峰毗尼事義集要》、《寶華傳戒正範》，「披翫周環，悲欣交集，因發學戒之願焉。」〔註57〕由此可見，此次的「悲」「欣」與佛教戒律有關，並因而發願學戒。

　　第二次是在民國二十一年壬申（1932），五十三歲時，在輯寫《地藏菩薩聖德大觀》的題記中說道：「輯寫既竟，悲欣交集，敬挈撮蕅益大師續持迴向偈中四偈，而為發願迴向：『我誓以身心，奉上地藏王……悉願證真常，同歸寂光土。』」〔註58〕由此可見，此次的「悲」「欣」與地藏菩薩聖德有關，並依蕅益大師續持迴向偈中的最後四首發願效法地藏菩薩精神。

　　第三次是在民國二十三年甲戌（1934）八月，在披覽《一夢漫言》之際，「知為明寶華山見月律師自述行腳事也」，於是「反復環讀，殆忘寢食，悲欣交集，涕淚不已」，而為其書附上眉注，並考輿圖，別錄「行腳圖表」一紙。〔註59〕由此可見，此次的「悲」「欣」與見月律師行腳事有關，並為利益後學而有眉注等自發心的行為。

　　第四次與臨終前付囑有關。民國三十一年（1942）八月廿八日叫蓮師抵臥室，自寫遺囑於信封上。廿九日下午付囑，計五事，其中第二件事中提到：

　　　　當助念之時，須先附耳通知云：「我來助念」，然後助念。如未吉祥
　　　　臥者，待改正吉祥臥後，再行助念。助念時誦普賢行願品讚，乃至
　　　　十方世界中等正文，末後再念南無阿彌陀佛十聲，不搗木魚，大聲

〔註57〕林子青：《弘一大師新譜》，頁 158、210、217。
〔註58〕李叔同著；雷燕青編：《中國人的禪修》，頁 108。
〔註59〕林子青：《弘一大師新譜》，頁 326、333。

緩念，再唱迴向偈，願生西方淨土中，乃至普利一切諸含識。當此
誦經之際，若見予眼中流淚，此乃悲欣交集所感，非是他故，不可
誤會。〔註60〕

從這一段付囑可以知道助念的具體作法，但是卻無法得知弘一法師「悲欣交集
所感」與何者有關聯，而且「非是他故」，具體指的又是什麼？由於文字過於
簡省，留下很大的詮釋空間。

　　而且，弘一法師第四次使用「悲欣交集」時，有別於前三次。前三次都
在「悲欣交集」之後，有發願或自發心的行為，因此，會有「悲」、「欣」、「願」
的內容。這與《楞嚴經》中，阿難聞法後「悲欣交集」的表述，同樣具有「悲」、
「欣」、「願」的內容。《觀經》雖然沒有「悲欣交集」四字，但卻有描述韋提
希夫人「悲」、「欣」、「願」的內容，可參見「表四」之整理。兩者之差別，
在於《楞嚴經》裏阿難尊者所表述的那段話，已可將「悲」「欣」「願」表露
無遺，但在《觀經》中，則需要將整部經連貫起來，才能感受到韋提希夫人
的「悲」「欣」「願」。〔註61〕由此可見，弘一法是熟知這兩部經典，並有意識
地向經典學習，故在「悲欣交集」之後，會有發願的行為。

表四　《楞嚴經》與《觀經》中「悲」「欣」「願」之內容

阿難尊者	《楞嚴經》卷六	韋提希夫人	《佛說觀無量壽佛經》
欣	我今已悟成佛法門，是中修行，得無疑惑。	悲	世尊！我宿何罪？生此惡子！世尊，復有何等因緣，與提婆達多共為眷屬？
悲	此諸眾生去佛漸遠，邪師說法，如恒河沙。	願	唯願世尊為我廣說無憂惱處，我當往生，不樂閻浮提濁惡世也。此濁惡處，地獄、惡鬼、畜生盈滿，多不善聚。願我未來，不聞惡聲，不見惡人。今向世尊，五體投地，求哀懺悔。唯願佛日，教我觀於清淨業處。
願	常聞如來說如是言，自未得度先度人者，菩薩發心；自覺已圓能覺他者，如來應世。我雖未度，願度末劫一切眾生。	欣	爾時世尊放眉間光，其光金色，徧照十方無量世界，還住佛頂，化為金臺，如須彌山，十方諸佛淨妙國土，皆於中現。或有國土，七寶合成；復有國土，如自在天宮；復有國土，如玻璨鏡，十方國土，皆於中現。有如是等無量諸佛國土，嚴顯可觀，令韋提希

〔註60〕葉青眼：《千江印月集》，《弘一大師永懷錄》，頁289。
〔註61〕林清涼：〈弘一大師「悲欣交集」論析〉，頁260～261。

		見。時韋提希白佛言：「世尊！是諸佛土，雖復清淨，皆有光明。我今樂生極樂世界阿彌陀佛所，唯願世尊，教我思惟，教我正受。」
	願（代眾生求，自發心行為）	世尊！如我今者，以佛力故，見彼國土。若佛滅後，諸眾生等，濁惡不善，五苦所逼，云何當見阿彌陀佛極樂世界？ 世尊！我今因佛力故，得見無量壽佛及二菩薩，未來眾生，當云何觀無量壽佛及二菩薩？

資料來源：CBETA 電子佛典資料庫，網址：漢文大藏經：優雅地閱讀佛經 deerpark. app，嚴崑晉製表，2022/7/13。

由於第四次使用「悲欣交集」時含義不明，因此才有第五次的臨終遺墨。弘一法師之所以寫「悲欣交集」後，自注「見觀經」，其動機很明顯，是擔心妙蓮侍者不懂他在付囑時所說的：「若見予眼中流淚，此乃悲欣交集所感」，所以他要告訴侍者，如果不懂「悲欣交集所感」的內容，可以去「見觀經」，自然就能明白。那麼，為何不自注「見楞嚴」而是「見觀經」呢？筆者推測，弘一法師的用意是希望妙蓮侍者以淨土法門為歸宿，求生西方極樂世界。

觀看這件臨終遺墨，「悲欣交集」四字的分布井然，字形瘦長挺勁依舊，只是點畫縱橫錯落，已無往常的嚴謹；墨色由濃漸淡，過渡自然，卻無往日之精緻，直至「見觀經」三字墨色更加枯澀，運筆速疾而潦草。整體看來似乎將往常端正嚴謹的弘體書風與隨意率性的書札體結合在一起，透過筆墨傳遞出一縷悲傷而又怡然的韻致。弘一法師已臨命終，萬般都放下，將最後的表述，任由書寫習慣鶩直寫去，寫字只是寫字，不夾雜其他心思，也不再思量分別，只是這「無意於佳乃佳」的神來之筆，讓敬仰者視為毫端舍利、返樸歸真，有著說不盡的「悲欣交集」，餘韻悠長，迴響於人間。

第三節　書法學習觀

縱觀弘一法師的書學歷程，若從十三歲開始臨摹篆帖算起，直到六十三歲圓寂，書法與其相伴五十年之久，足見弘一法師於書法一道用功之勤，鑽研之深，在現代書家尤其是僧人書家中實屬罕見，誠如林子青先生談及弘一法師書法時所說：「大家知道，弘一法師一生做人的精神和治學的態度是認真而嚴肅的。他要學一樣就要像一樣，要做什麼就要像什麼。藝術造詣上，對於書法用

心最勤，致力最久。自出家以後，諸藝俱疏，唯獨書法不廢，到了晚年，更獨創一格，在我國書法藝術上表現出卓越的成就。」〔註62〕這五十年的書法生涯，從雄強張揚、鋒稜畢露的猛龍體，到刊落鋒穎、一味恬靜的弘一體，多樣而獨特的書體書風遞嬗，猶如其一生從絢爛歸於平淡之生命歷程，書如其人，於此展現於世人面前。

　　弘一法師出家後於文藝不復措意，對於學習書法這件事，也改以「寫字」、「學字」稱之，似有意將之視為實用性工具，於藝術領域不再關涉。儘管如此，弘一法師對於書法學習，常結合自己之書法實踐，有自己獨特的觀點，雖無書法專論，但其思想觀念多散見於作品集序文、演講錄與致友人書信中，其中以 1937 年講於佛教養正院，由高文顯記錄的這篇〈談寫字的方法〉，〔註63〕較為全面而具體。今以此篇為主，相關序文、書信為輔，要點概述弘一法師之書法學習觀。

一、重視學字者之道德修養

　　〈談寫字的方法〉是弘一法師在南普陀寺，應佛教養正院的出家人之請而說，此時弘一法師已在閩南生活十年之久，是年五十八歲。此次演講，因為對象是出家人，所以弘一法師一開頭就先釐清出家人的本份與寫字的關係：

> 這一次所要講的，是這裏幾位學生的意思——要我來講關於寫字的方法。我想寫字這一回事，是在家人的事；出家人講究寫字有什麼意思呢？所以，這一次講寫字的方法，我覺得很不好，因為出家人假如只會寫字，其他的學問一點不知道，尤其不懂得佛法，那可以說是佛門的敗類。須知出家人不懂得佛法，只會寫字，那是可恥的。出家人唯一的本分，就是要懂得佛法，要研究佛法。不過，出家人並不是絕對不可以講究寫字的，但不可用全副精神，去應付寫字就對了。出家人固應對於佛法全力研究，而於有空的時候，寫寫字也未嘗不可。寫字如果寫到了有個樣子，能寫對子、中堂來送與人，以作弘法的一種工具，也不是無益的。

首先，弘一法師認為請他講寫字的方法，是很不好的事，因為寫字是在家人的

〔註62〕林子青：〈漫談弘一法師的書法〉，《弘一法師書法集·序言之三》，2～4 頁。
〔註63〕弘一法師講；高文顯記錄：〈談寫字的方法〉，《弘一法師翰墨因緣》（臺北：雄獅，1996 年），頁 198～201。以下凡引用此篇演講記錄中之文字，為避免繁複，不再一一註明出處。

事，出家人不必講究。其次，出家人的本分是要懂得佛法、研究佛法，做不到自己的本分，只會寫字，是佛門敗類，是可恥的事。再者，出家人要全力研究佛法，有空暇才去學寫字，應付著學就好，不可用全副精神。最後，學寫字到寫了有個樣子，能作為一種弘法工具，則是有益之事。

這幾項觀點，都與弘一法師五十歲時，在〈李息翁臨古法書序〉中所說相呼應：「夫躭樂書術，增長放逸，佛所深誡。然研習之者能盡其美，以是書寫佛典，流傳於世，令諸眾生歡喜受持，自利利他，同超佛道，非無益矣。」〔註64〕畢竟出家人修學佛法要面對的是生死問題，了生脫死是終極目的，除此之外，還有弘揚佛法的責任，如果把心思放在書法藝術上，會使人不勤於修習善法，進而鬆懈怠惰帶來煩惱，所以為佛所深誡。但弘一法師也認為，能將之作為一種弘法的工具，使眾生因此樂於接受佛法、受持佛法，進而能解決生死的問題，那是一樁有益的事。

接著，弘一法師嚴正表示道德修養對一位學字者的重要性：

> 倘然只能寫得幾個好字，若不專心學佛法，雖然人家讚美他字寫得怎樣的好，那不過是「人以字傳」而已。我覺得，出家人字雖然寫得不好，若是很有道德，那麼他的字是很珍貴的，結果都是能夠「字以人傳」。如果對於佛法沒有研究，而且沒有道德，縱能寫得很好的字，這種人在佛教中是無足輕重的了。他的人本來就不足傳的。即能「人以字傳」──這是一樁可恥的事，就是在家人也是很可恥的。

出家人要研究佛法，要有道德修養，因其嘉德懿行而為人所敬仰尊重，即使字寫得不好，也會因此被人視為珍貴而寶愛著，這即是「字以人傳」；相反地，出家人於佛法沒有研究，也沒有道德修養，這個人本身已不足以稱道，卻因為字寫得好而為人所周知，這種「人以字傳」的情況，在弘一法師看來，是一樁可恥的事，即使是在家人，也是同樣可恥。

話講到這裏，已經是把話說得很重了，足見弘一法師對學字者本身是否有道德修養，相當地重視。之所以要求如此嚴格，弘一法師是別有用意地，他說：「今天雖然名為講寫字的方法，其實我的本意是要勸諸位來學佛法的。因為大家有了行持，能夠研究佛法，才可利用閑暇時間，來談談寫字的方法。」由此可知，出家人要先學佛法，有一定的行持之後，再來談寫字的方法，這是弘一法師心目中認同的作法。

〔註64〕林子青：《弘一大師新譜》，頁 267。

二、由篆字學起

　　學字者在了解自己的本分與應具備道德修養之後，學習寫字當從何入手？弘一法師主張應先學篆書，他說：「我對於發心學字的人，總是勸他們先由篆字學起。」弘一法師進一步闡述先學篆書之理由與好處：

　　　一、可以順便研究《說文》，對於文字學，便可以有一點常識了。因為一個字一個字都有它的來源，並不是憑空虛構的，關於一筆一畫，都不能隨隨便便亂寫的。若不學篆書，不研究《說文》，對於字學及文字的起源就不能明白——簡直可以說是不認得字啊！所以寫字若由篆書入手，不但寫字會進步，而且也很有興味的。

　　　二、能寫篆字以後，再學楷書，寫字時一筆一畫，也就不會寫錯的了。我以前看到養正院幾位學生所抄寫的稿子，寫錯的字很多很多。要曉得：寫錯字，是很可恥的——這正如學英文的人一樣，不能把字母拼錯一個。若拼錯了字，人家怎麼認識呢？寫錯了我們自己的漢文字，更是不可以的。我們若先學會了篆書，再寫楷字時，那就可以免掉很多錯誤。

　　　此外，寫篆字也可以為寫隸書、楷書、行書的基礎。學會了篆字之後，對於寫隸書、楷書、行書就都很容易——因為篆書是各種寫字的根本。

　　　若要寫篆字的話，可先參看《說文》這一類的書，有一部清人吳大澂的《說文》部首，那是不可缺少的；因為這部書很好，便於初學，如果要學寫字的話，先研究這一部書最好。

　　弘一法師認為學字先學篆書的好處是可以順便研究《說文解字》，因為明白字學和文字的起源時，寫字會進步而且也很有興味，並推薦吳大澂《說文解字》部首，以利初學。其次，有篆書之後再學楷書，能避免寫錯字，因為寫錯字是很可恥的。再者，篆書可以作為寫隸書、楷書、行書的基礎，因為篆書是各種寫字的根本。

　　至於實際操作，在〈致李芳遠〉信中有具體指導：「初學篆字，宜先習《說文解字》部首。每日寫四字，每字寫數十次。寫時宜提筆懸肘。如是，積日漸進，萬不可以求急速。」〔註65〕學篆字之下手處與每日練習量，弘一法師皆詳

〔註65〕致李芳遠（四三通）‧一（一九三六年五月，鼓浪嶼日光巖），《弘一大師全集‧八》，頁236。

加說明，至於所說的「寫時宜提筆懸肘」，應是指練習寫大楷字而言，弘一法師在〈談寫字的方法〉中說道：「當我們寫大字的時候，切不可倚在桌上，須使腕高高地懸起來，才可以運用如意。寫中楷懸腕固好，假如肘部要倚著，那也無妨。至於小楷，則可以倚在桌上，不必懸腕的。」由這段話可以確知，寫大楷字時，腕跟肘都不能放在桌上，要高高懸起；寫中楷字時，腕要懸著，但肘可以靠在桌上；寫小楷字時，腕跟肘都可以放在桌上。

從這段弘一法師主張學字先從篆書入門的理由與好處可知，是站在學字的實用性目的而言；可以研究文字學，為寫字帶來興味，且能避免寫錯字等等。不談篆書具有哪些藝術美感，歷代有哪些著名碑帖，各有怎般地書法風格等等，這一切一概摒除不談，貫徹其不欲出家人將心思用在藝術的堅定立場上。另一方面，弘一法師之所以這般主張，是個人學字的心得與經驗。從書學歷程可知，弘一法師從十三歲開始讀《說文》，並臨摹篆帖，漸次而至隸、楷、行、草，其學字之入門與次第即是所主張者，具有可信度與可行性。

三、由博而約

對於發心學字的人，弘一法師雖然總是勸他們從篆字學起，但不建議每天只限定寫一張、寫一樣，他在〈談寫字的方法〉中說道：

> 諸位寫字的成績很不錯，但是每天每個人只限定寫一張，而且只有一個樣子，這是不對的。每天練習寫字的時候，應該將篆書、大楷、中楷、小楷四個樣子，都能多多的寫與練習。如果沒有時間，關於中楷可以略掉，至於其他的幾樣，是缺一不可的，且要多多的練習才對。……我以前小孩的時候，都通通寫過的。……篆書、隸書乃至行書都要寫，樣樣都要學才好。一切碑帖也都要讀，至少要瀏覽一下才可以。照以上的方法學了一個時期以後，才可專寫一種或專寫一體，這是由博而約的方法。

在弘一法師看來，既然發心學寫字，除臨寫篆字外，大楷、中楷、小楷這幾樣都要寫。不過，弘一法師對於大、中、小楷字要臨寫何種書體，還是仍以篆字為主，倒是沒有說清楚，但是接著又說「篆書、隸書乃至行書都要寫，樣樣都要學才好」，那麼有可能大、中、小楷的書寫書體是不侷限於一家一體，從弘一法師在書藝奠基期的學習，篆、隸、楷、行、草皆各有所宗，足以說明在篆字有一些基本認識時（可能是部首方面的認識），其他各種書體就可以開始臨寫，不必等到練好某一家某一種書體後，才旁涉他家他種書體。此外，還要廣

泛地閱讀碑帖，即使只是瀏覽一下也是可以。照這種方法學一段時期後，才可以專寫一種或專寫一體，這即是弘一法師提出的由博而約的書法學習方法。

　　這種方法與一般教導書法初學者不同，一般大多是要求初學者應該先練好一種書體，大多是從楷書入門，從這裏也可看見與弘一法師主張從篆字學起不同。從楷書入門，通常以大楷為主，中楷、小楷幾乎無有餘暇臨習。然後，對基本筆畫、簡單的字能把握時，選擇一家，專練一家，直到這一家的基本技法、風格掌握後，才在自己的基礎上旁涉他家他體，或仍以楷書為主。弘一法師所提出之主張，皆是以自己的書學實踐為依據，是否適合時下對初學者之教學，則仍有待商榷。

四、筆紙選擇與章法佈局

　　弘一法師對寫字用筆之選擇，有其看法，他說道：

　　　　至於用筆呢？算起來有很多種，如羊毫、狼毫、兔毫……等。普通是用羊毫，兔毫及狼毫亦可用，並不限定那一種。最要注意的一點，就是寫大字須用大筆，千萬不可用小筆，用小的筆寫大字那是很錯誤的。寧可大筆寫小字，不可以用小筆寫大字。

對於寫字用筆的選擇，弘一法師不限定哪一種，羊毫、狼毫、兔毫都可以使用。只是有一個原則必須遵守，就是寫大字須用大筆，不可用小筆，寧可用大筆寫小字，也不可用小筆寫大字。

　　其次，對於用紙的選擇，弘一法師說道：

　　　　還有紙的問題，市上所售的油光紙是很便宜的，但太光滑，很難寫，若用本地所產的粗紙，就無此毛病了。我的意思，高年級的同學可用粗紙，低年級的可用油光紙。

　　　　此地所用的有格子的紙，是不大適合的，和我們從前的九宮格的紙不同。以我的習慣而論，我用九宮格的方法，就不是這個樣子，現在畫在下面（圖124），並說明我的用法。

　　　　若用這種格子的紙，寫起字來，是很方便的，這樣一來，每個字都有規矩繩墨可守的。如寫大楷時，兩線相交的地方，成了一個十字形，就不致上下左右不相對稱了。要曉得寫字總不能隨隨便便，每個字的地位要很正，要不偏左、不偏右、不上不下，要有一定的標準。因為線有中心點，初學時注意此線，則寫起來自然會適中，很「落位」了。

　　油光紙因太光滑，之所以光滑應該與紙的表層有塗臘的緣故，所以也會有不易吸墨的問題，不適合書寫。弘一法師認為用本地所產的「粗紙」就不會有光滑難寫的問題，至於所謂的「粗紙」，可能是當時普遍使用於練習寫書法的粗製紙，紙質較為粗糙，能使筆鋒與紙面產生摩擦力而好控制運筆的施力，所以適合練習寫字。另外還有一種有格子的紙，弘一法師認為本地所用的有格子的紙是不太適合，與他以前所使用的九宮格紙不同，並以圖示說明自己的使用習慣，大楷、中楷與小楷字，各自有使用的界格範圍。弘一法師又進一步說，藉由界格間兩線相交的地方，與線的中心點，能幫助初學者將每個字的位置落在適中的地方。

圖 124　弘一法師所示範的九宮格圖

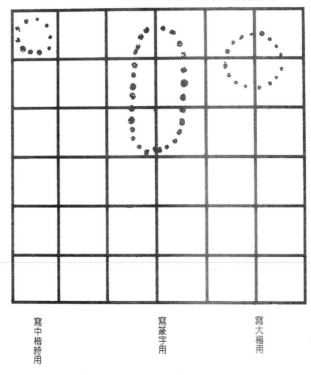

寫中楷時用　　　　寫篆字用　　　　寫大楷用

出處：《弘一法師翰墨因緣》

對於一個字的位置是否適中須留意外，弘一法師接著提點字與字之間要留意之處：

　　　　平常寫字時，寫這個字，眼睛專看這個字，其餘的就不管，這也是不對的。因為上面的字，與下面的字都有關係的，即全部的字，不論上下左右都須連貫才可以，這一點很要緊，須十分注意，不可只

管寫一個字，其餘的一切不去注意它，因為寫字要使全體都能夠配合，不能單就每個字看的。

這裏弘一法師開始透過留意字與字之間的位置關係，說到運用字以組合成篇的方法，已涉及章法與整體的佈局。〔註66〕要留意的是，不能專看一個字，其餘的不管；上字與下字有其連帶關係，即使是全部的字，不論上下左右都必須連貫才行。此即如劉熙載〈書概〉中所說：「書之章法有大小，小如一字及數字，大如一行及數行，一幅及數幅，皆須有相避相形，相呼應之妙。」〔註67〕在字與字相延續之下，能看見書者運筆之速度與節奏，而字與字之排列因字本身的或大或小、或粗或細，而有茂密、虛實之呈現，書者應當留意這些現象與變化，使整體章法佈局相互避讓、相得益彰、上下左右相互呼應，而帶來藝術上的美感。

弘一法師批評一幅字之優劣好壞，尤重章法，他繼續說道：

我們寫對聯或中堂，就所寫的一幅字而論，是應該有章法的，普通的一幅中堂，論起優劣，有幾種要素須注意的，現在估量其應得的分數如下：

章法五十分，字三十五分，墨色五分，印章十分。

就以上四種要素合起來，總分數可以算一百分，其中並沒有平均的分配，我覺得其差異及分配當照上面所分配的樣子才可以。

一般人認為每個字都很要緊，然而依照上面的記分，只有三十五分。大家也許要懷疑為什麼章法反而分數佔多數呢？就章法本身而論，它之所以佔著重要地位的原因，理由很簡單，在藝術上有所謂三原則，即一、統一；二、變化；三、整齊，這在西洋繪畫方面是認為很重要的，我便借來用在此地，以批評一幅字的好壞。我們隨便寫一張字，無論中堂或對聯，普通將字排起來，或橫、或直，首先要能夠統一，字與字間，彼此必互相聯結，互相關係才好。

但是單只統一也不能的，呆板也是不可以的，須有變化才好；若變化得太厲害、亂七八糟，當然不好看。所以必須注意彼此互相

〔註66〕章法即「經營位置」，即將字組合成篇之方法。章法有大小之分。小章法係指字中的點畫安排，大章法係指整篇書法作品的謀篇佈局。見余德泉編著：《簡明書法教程》（湖南：湖南美術出版社，1995年），頁153。

〔註67〕徐利明主編，鄒韡注評：《劉熙載·書概》（南京：江蘇美術出版社，2008年），頁339。

連結、互相關係才可以的。

弘一法師對於一幅字所關注者為：章法、字、墨色、印章，並以配分方式呈顯各別之重要性，其中以章法佔五十分為評判一幅字優劣的重要關鍵。章法之所以重要，弘一法師以西洋繪畫也視為重要的藝術上所謂三原則作說明，章法必須符合統一、變化、整齊這三大原則，即字的排列，或直或橫，先要能夠統一，字與字之間相互聯結，互有關係才行；其次，單是統一，可能會因過於整齊而易流於呆板，須有變化才行，但要適度，變化太過，亦有傷美感。

不過，弘一法師認為，寫字的章法說來甚是簡單，但不是一蹴可躋的，他認為：「這需要經驗，多多地練習，多看古人的書法以及碑帖，養成賞鑑藝術的眼光，自己能常去體認，從經驗中體會出來，然後才可以慢慢地所成就。」最後，弘一法師略說墨色與印章對一幅字之要求，首先，墨色的質料要好而顏色要光亮才對。其次，印章蓋的位置要適中，很落位才對，同時印章上面的字要刻得好，印色也當然要好，而且印章有不同形狀，有圓的方的，大的小的不一，這些種種的區別，即是在寫字之後再注意蓋用，以補救寫字時章法之不足。

五、最高境界

關於寫字的基本法則，弘一法師大致已經說完，至於寫字最好的方法是什麼？要如何達到最高的境界，弘一法師說道：

> 以上所說的，是關於寫字的基本法則，可當作一種規矩及準繩講，不過是呆板的方法而已。寫字最好的方法是怎樣？用哪一種方法才可以達到頂好頂好的呢？我想諸位一定很熱心的要問。我想了又想，覺得想要寫好字，還是要多多地練習，多看碑、多看帖才對，那就自然可以寫得好了。諸位或者要說，這是普通的方法，假如要達到最高的境界，須如何呢？我沒有辦法再回答。曾記得《法華經》有云：「是法非思量分別之所能解」，我便借用這句子，只改一個字，那就是「是字非思量分別之所能解」了，因為世間上無論哪一種藝術，都是非思量分別之所能解的，即以寫字來說，也是要非思量分別，才可以寫得好的；同時要離開思量分別才可以鑑賞藝術，才能達到藝術的最上乘的境界。

弘一法師認為寫字最好的方法，就是將上述寫字的基本法則，當作一種規矩
準繩，將這呆板的方法反覆地操作，多加練習，並且還要多讀碑帖，如此累
積日久，自然會寫得好。換句話說，就是老實寫字，下笨功夫。至於要如何
達到最高境界，弘一法師無法再回答。但他對寫字的最高境界，提出一個評
價的標準，藉用《法華經》中的文句改用，認為寫字能達到「是字非思量分
別之所能解」，即是達到了最高境界，而且世間無論哪一種藝術，都是「非
思量分別之所能解」，要鑑賞藝術也須離開思量分別才能鑑賞。換句話說，
寫字能達到「非思量分別之所能解」，則寫字本身即是藝術，而觀者要領略
其中境界，亦須不思量分別才能有所得。

最後，弘一法師對已達到最高境界的字或藝術之所以然，提出他的看法：

> 諸位聽我講的以後，要明白我的意思，學佛法為最要緊，如果佛法
> 學得好，字也可以寫得好的。不久會泉法師要在妙釋寺講《維摩詰
> 經》，諸位有空的時候，要去聽講、要注意研究，經典要多多地參究，
> 才能懂得佛法。我覺得最上乘的字，或最上乘的藝術，在於從學佛
> 法中得來，要從佛法中研究出來，才能達到最上乘的地步。所以諸
> 位若學佛法有一分的深入，那麼字也就會有一分的進步；能十分的
> 去學佛法，寫字也可以十分的進步。今天所說的，已經很夠了，奉
> 勸諸位以後要努力勤求佛法，深研佛法！

弘一法師認為最高境界的字或藝術，是從佛法中得來，從佛法中研究出來。
因此，學佛法、研究佛法才是根本，談寫字的方法只是枝葉末節，不會使寫
字達到最高的境界。藉由佛法的修學實踐，加深自己的涵養與心靈境界，自
然能提昇寫字的境界，所以於佛法有一分地深入，在寫字上會有一分的進步；
有十分地深入，在寫字上會有十分地進步，故要使寫字達到非思量分別所能
解的境界，除平日多練習、多讀碑帖的基本功夫外，重要的仍是在於努力勤
求佛法、深研佛法，才能有所得。

從弘一法師臨終前的最後絕筆之作〈悲欣交集〉，此字確然已達「是字非
思量分別之所能解」，才會有後世多篇從多種不同角度詮釋之文章發表，都各
自成理，卻無一是本意，畢竟一落入思量分別，即已非正解也。

第五章　人格與書品

　　弘一法師的人格修養與特質，除了從書信稿，以及曾親近其人之懷念性文章得知外，尚可從其文藝作品所展現之風格領略一二。這是因為中國古典文學與古代藝術皆是以表現生命、歌頌生命為基本特質，古典文學同古代繪畫、書法、音樂、舞蹈等藝術之間不可避免地相互作用、滲透，有其不可分割之淵源關係，所謂詩、樂、舞「三者本於心」、「詩畫同源」、「書畫同體」等作為古人確信不疑的理論命題，反映古人關於文學、藝術共同屬性的基本看法。

　　此外，文學、藝術作品之風格，皆是作家內心情感、生命精神的外化和表現，此一原理為古人屢屢論述，如王充（27～97）《論衡·超奇》說：「實誠在胸臆，文墨著竹帛，外內表裏，自相副稱。」〔註1〕劉勰（約465～532？）《文心雕龍·體性》云：「夫情動而言形，理發而文見。蓋沿隱以至顯，因內而符外者也。」〔註2〕元代傅若金《詩法正論》云：「詩源於德性，發於才性，心聲不同，有如其面。」〔註3〕決定風格的根本因素是作家自身的生命精神，具體來說，主要包括作家的人品道德、思想情感、氣質個性等內容。

　　徐復觀先生認為，文學、藝術乃成立於作者的主觀（心靈或精神）與題材的客觀（事物）互相關涉之上。客觀事物的價值或意味常隱而不顯，必有待於作者的發現，這是創造的第一意義。而對客觀事物自身價值意味所含層

〔註1〕〔漢〕王充著，黃暉校釋：《論衡校釋》（北京：中華書局，1990年），頁609。
〔註2〕〔南朝·梁〕劉勰：《文心雕龍·體性》，《中國古代文藝理論專題資料叢刊（第四冊）》（北京：中國社會科學出版社，2013年），頁203。
〔註3〕〔元〕傅與礪：《詩法正論》、《詩學指南》卷一，《中國古代文藝理論專題資料叢刊（第四冊）》，頁206。

級的發現，與客觀事物自身無關，因其是「無記」的，無顏色的，而係決定
於作者主觀精神的層級。作者精神的層級之高低，決定能發現客觀事物價值
意味層級之高低，因此決定作品價值的最基本準繩是作者的發現能力。作者
要具備卓異的發現能力，便需具有卓越的精神；要有卓越的精神，便必需有
卓越的人格修養。此時人格修養所及於創作時的影響，是全面的，由根而發
的影響。〔註4〕

　　除了作家的人格修養影響作品之價值意味外，儒家文學思想長期在中國
封建社會之文壇上居於主導地位，文學以對社會成員進行道德教化、協調人
與人之關係、穩定社會秩序為最終目標，於是道德人格必然漸趨內化為作家
對自我的追求，也漸漸成為外界對作家評判的一個標準，從而衍生出如「德
言觀」、「文如其人」、「詩如其人」、「詩品出於人品」等命題。而文學理論必
然影響藝術理論，如宋人郭若虛（生卒年不詳）《圖畫見聞志》，將南齊謝赫
（生卒年不詳）六法中的「氣韻生動」與德性聯繫起來，說：「人品既已高
矣，氣韻不得不高；氣韻既已高矣，生動不得不至：所謂神之又神而能精焉。」
〔註5〕王昱（1714～1748）《東莊論畫》：「學畫者先貴立品，立品之人筆墨外
自有一種正大光明之概，否則畫雖可觀，卻有一種不正之氣，隱越毫端。文
如其人，畫亦有然。」〔註6〕至於書法，自宋代歐陽修（1007～1072）以人
品論書品以來，發展至清代，劉熙載具體提出「書如其人」說而趨於完備成
熟。由此可見，古代對人品、藝品之見解、要求與重視。〔註7〕

〔註4〕徐復觀：〈儒道兩家思想在文學中的人格修養問題〉，《海外學人》第103期，
　　　　1981年2月，頁2～10。徐先生之論述甚長，此段引述乃筆者擇其要點轉述，
　　　　不代表完整之論述。

〔註5〕〔宋〕郭若虛、鄧椿著；潘運告主編；米田水譯注：《圖畫見聞志・畫繼》（長
　　　　沙：湖南美術出版社，2000年），頁31～33。

〔註6〕〔清〕王昱：《東莊論畫一卷》，《中國古代文藝理論專題資料叢刊（第四冊）》，
　　　　頁314。

〔註7〕以德與言之關係所提出之命題，如「文如其人」、「書如其人」等觀點，一直是
　　　　文藝理論中爭論不休的問題，此番爭論情形，錢鍾書先生《談藝錄》（北京：
　　　　商務印書館，2011年，頁418、420～421）摘錄眾多文獻以論「文如其人」說；
　　　　葉慶炳先生《晚鳴軒論文集・詩品與人品》（臺北：大安出版社，1996年，頁
　　　　20）則對歷代文人支持或否定之見有簡要之概括，此外亦有幾篇期刊論文論
　　　　及，如蔣寅〈文如其人？——一個古典命題的合理內涵與適用限度〉（《求是學
　　　　刊》第6期，2001年11月，頁82～89）、陳秋宏〈「書如其人」觀再議〉（《文
　　　　與哲》第30期，2017年6月，頁23～72），但至今於學術界未有定論。筆者
　　　　認為，由於這些命題是以儒家思想為背景，如文中所述，儒家重視道德人格，

　　弘一法師自幼在存樸堂李家之教養之下，以孔子為學習對象，依《論語‧鄉黨篇》為生活準則，弱冠之後又以「士」自許，其學養基本是奠基於儒家內聖外王之思想上。日後自日本留學歸國於杭州任教時，案右常置《人譜》一書，常勸人「士先器識而後文藝」，可見其對人格修養之重視。在俗時雖然於詩、詞、古文、歌曲、繪畫、書法、篆刻等皆有作品，出家後，諸藝皆疏，唯勤於書法，留下大量書蹟。因此本章即以「書如其人」說為前提，論述書法風格與弘一法師人品之關係。

第一節　理論依據──「書如其人」說

　　「書如其人」說是書法理論中之一大命題，源遠流長，歷史悠久，與文字學、文學、玄學、儒學、佛道思想等皆有關涉，非此一小節所能道盡，僅將其主要觀點之承繼發展提出，作一概略敘述如下：

一、起源：西漢揚雄「心畫」說

　　「書如其人」說之起源，學者大多追溯至漢代揚雄「心畫」說。〔註8〕揚雄（53B.C.～18A.D.）《法言‧問神》提出「言」與「書」的關係：「惟聖人得言之解，得書之體，……故言，心聲也；書，心畫也。聲畫形，君子小人見矣。」〔註9〕揚雄由推崇聖人之言，以「言」是「心聲」，「書」是「心畫」之比喻，揭示言語文字是人們思想感情的表現，古今事物可藉由著作而得以流傳，人的精神境界之高尚或低劣，亦必然會反映在言與書之中。換句話說，文學作品與作家的思想情感、精神品格有關。

　　揚雄在學問上是繼承先秦儒家的文藝觀念，提出明道、徵聖、宗經之主張，曾自比於孟子，為推行儒家經世致用的思想廓路。〔註10〕因此，其「心畫」說的理論可以追溯到孔子所謂「有德者必有言，有言者不必有德」之「德

　　　　故「文如其人」、「書如其人」說皆是以人品為根柢而提出之命題，故筆者傾向
　　　　於贊同以人品論書品，至於反對之論見，可詳參前述文獻專書。
〔註8〕〔清〕劉熙載著；鄔韓注評：《劉熙載‧書概》，頁365：「揚子以書為心畫，故
　　　　書也者，心學也。」王鎮遠《中國書法理論史》（上海：上海古籍出版社，2009
　　　　年），頁4：「揚雄的『心畫』說雖然未必專就書法而言，但它對後代書論的影
　　　　響極大，中國書論中注重書家個性品格與書風關係的祈尚即濫觴於此。」
〔註9〕〔漢〕揚雄：《法言‧問神》（臺北：臺灣中華書局，1983年）卷五，頁3～4。
〔註10〕《法言‧吾子》卷第二：「古者楊墨塞路，孟子辭而隱之，廓如也。後之塞路
　　　　者有矣，竊自比於孟子。」，頁4～5。

言觀」。邢昺疏說:「德不可以無言」,〔註11〕即「言」責無旁貸地肩負「德」教之重任,孔子這句話是將「有言」作為「有德」的不可缺少之條件,有德者應有志於言。

揚雄在《法言‧重黎》中揭示「言」與「德」的表裏關係:「或問聖人之表裏,曰:威儀文辭,表也;德行忠信,裏也。」〔註12〕聖人之文,光華其外,充分表現德行忠信的內質。這是由內在之德而生成外在之文的過程,所以揚雄認為君子必須向聖人學習,要讀五經,才能獲得高尚德行,自然能有好的文辭,其在《法言‧君子》中得出「彌中而彪外」之結論:「或問:君子言則成文,動則成德,何也?曰:以其彌其中而彪外也。」李軌注說:「彌,滿也;彪,文也。積行內滿,文辭外發。」〔註13〕這即是說當君子德行修養充盈於內之際,自然會外溢為言文,從而文質統一,發言作文,合乎儒家政教之用。

因此,在文質統一的觀點下,進一步討論「言」與「書」的關係,認為立言與著書應以聖人經典為法式,同時,探討「言」與「書」的社會作用與人們思想感情的關係,提出言為心聲,書為心畫之主張,借由「心聲」、「心畫」之喻,形象地說明言語和作品的聯繫,與文學藝術震撼人心的社會教育作用。〔註14〕

由於書論家對揚雄「書,心畫也」之「書」字的誤讀,常引揚雄「心畫」說以論書風與書家之關係,由是藝術表現又與人的品德聯繫在一起。

不過「書」與「心」之間的關係,一直要到唐代才有較多的討論。東漢許慎雖然在《說文解字‧序》提出「書者,如也」〔註15〕的重要命題,但並未見闡發;稍後的趙壹(東漢靈帝光和年間)在〈非草書〉中提出:「凡人各殊氣血,異筋骨。心有疏密,手有巧拙。書之好醜,在心與手,可強為哉?若人顏有美惡,豈可學以相若耶?」〔註16〕趙壹反對時人荒廢正常學習而熱衷於草書

〔註11〕〔魏〕何晏注;〔宋〕邢昺疏;朱漢民整理:《論語注疏‧下論‧憲問第十四》
　　　　(臺北:臺灣古籍,2001年),頁207。
〔註12〕《法言‧重黎》,卷第十,頁5。
〔註13〕《法言‧君子》,卷第十二,頁1。
〔註14〕顧易生、蔣凡著:《先秦兩漢文學批評史》(上海:上海古籍出版社,1990年),
　　　　頁537～542。
〔註15〕〔漢〕許慎著,〔清〕段玉裁注:《新添古音說文解字注》(臺北:洪葉文化,
　　　　1998年)十五卷上,頁761～766。
〔註16〕《歷代書法論文選》,頁2。

的練習，故有此批判，認為書法與人的先天稟賦有關，再加上後天所學的書寫技巧不同，所以書法有好醜之別，一味摹效前人成法只是徒勞而無益。其書法觀點，間接道出書法與人心、技巧（手）與字跡間的關係。不過，在趙壹之後卻無人接續論及此觀點。

二、魏晉：以人身論書、以人喻書

　　魏晉南北朝時代重視人物品藻，品人以骨峻風清為美，而肌滿肉滯為礙，其理論依據首推劉劭（？～242）《人物志》。其對書法理論之影響，即以人的骨體為根基，從而衍生出筋骨血肉肥瘦等各種形態的概念，作為書法批評的主要術語和範疇，如衛鑠（272～349）〈筆陣圖〉云：「善筆力者多骨，不善筆力者多肉；多骨微肉者謂之筋書，多肉微骨者謂之墨豬；多力豐筋者聖，無力無筋者病。」[註17] 衛鑠指出筆力強弱與骨肉之間的關係，並從人體骨肉分配比例來詮釋書法的造型，而有筋書與墨豬之別，並推崇多力豐筋之書法。由是可見「骨」、「筋」、「肉」已作為書法批評的用語與範疇。

　　魏晉時代盛行玄學，言意之辨對言、意、象之探討，從而形成以王羲之為代表的「以意論書」。[註18] 其在〈論書〉中說：「須得書意轉深，點畫之間皆有意，自有言所不盡，得其妙者，事事皆然。」[註19] 此就書法立意而言，認為「意」表現在點畫之間，即書法不僅具有形態之美，還具有表意的成份，而這種「意」又不是言語可表達，這正是當時「意以象盡」和「言不盡意」的玄學思想於書論中之表現。

　　王羲之又在〈題衛夫人〈筆陣圖〉後〉說：「夫欲書者，先乾研墨，凝神靜思，預想字形大小、偃仰、平直、振動，令筋脈相連，意在筆先，然後作字。」[註20] 此提出「意在筆先」的作字法，下筆之前要對字形、筆畫、結構、形態等等預想好，使「意」先成於「形」，如此就能使字具有如前所述，點畫之間皆有意，具有象外之意。

　　這種象外之意需要心領神會，故書論家評書採意象式批評，欲助人一悟書

〔註17〕《歷代書法論文選》，頁 22。
〔註18〕張家梅：《言意之辨與魏晉美學話語生成》（長沙：岳麓書社，2007 年），頁 129 ～130：「至於魏晉，言意之辨對於言、意、象的探討迅速滲透到書法理論中，……將王弼的『立象以盡意』視為書法創作源泉，於是形成了以王羲之為代表的以意論書。」
〔註19〕《歷代書法論文選》，頁 29。
〔註20〕《歷代書法論文選》，頁 62。

者之意，有以擬物之意象式批評，藉外在具體事物摹擬書法字體之象，以形貌形，如衛恒〈四體書勢〉、索靖〈草書勢〉可為代表。另有以擬人之意象式批評，藉人內在神韻、風貌氣質為象，以神寫神，直接以人之意象比擬書法之美，如袁昂〈古今書評〉共評論二十五位書家，其中十四位採「以人喻書」之法評論，今例舉其中三位之評論以窺一二：

> 王右軍書如謝家子弟，縱不復端正者，爽爽有一種風氣。王子敬書如河、洛間少年。雖皆充悦，而舉體沓拖，殊不可耐。羊欣書如大家婢為夫人，雖處其位，而舉止羞澀，終不似真。〔註21〕

王羲之書法以名門子弟比擬，縱使偶有疏意失規矩，還是有一股爽朗俊逸之風；王獻之書法以河洛間的紈褲子弟作譬喻，雖然充盈滿目，心滿意得，但成群結隊，有點故為聲勢，極難令人忍受，暗示其「一筆書」不免拖拉纏綿，有做作之痕跡。羊欣書法雖親承王獻之，能入堂奧，但神、形相差太遠，猶如婢女升為貴夫人，因出身微賤，舉止儀態羞澀，雖貴而不尊。〔註22〕

「以人喻書」之書法品評，後由唐代張懷瓘承襲此法，使「以人喻書」成為中國古代書論之主要批評方式之一。

三、唐：論書以心體為字跡之本

繼王羲之「意在筆先」說，初唐虞世南（558～638）詳論「字」（跡）與心（體）間之別，延續揚雄「心畫」說，論及書與心之關係，深化「書如其人」之內涵。其《筆髓論・契妙》云：「欲書之時，當收視返聽，絕慮凝神，心正氣和，則契於妙。心神不正，書則欹斜；志氣不和，字則顛仆。」〔註23〕虞氏認為在開始寫字前，要先收攝視覺、聽覺，摒除一切思慮雜念，專心一意，心平氣和，如此才能使所書之字契合神妙。

從寫字之前必須先使心神平和，虞氏是視心為字象之本體，因為心神之正斜會影響所書字之正偏安危。由此可知，柳公權（778～865）所謂「心正則筆正」，實肇於此。〔註24〕虞世南又接著說：

〔註21〕《歷代書法論文選》，頁73。

〔註22〕叢文俊：〈袁昂《古今書評》解析〉，收錄於上海書畫出版社編：《二十世紀書法研究叢書・品鑑評論篇（修訂本）》（上海：上海書畫出版社，2008年），頁203。

〔註23〕《歷代書法論文選》，頁113。

〔註24〕《舊唐書・柳公權傳》：「穆宗政僻，嘗問公權筆何盡善，對曰：『用筆在心，心正則筆正。』上改容，知其筆諫也。」見〔後晉〕劉昫等撰，楊家駱主編：《新校本舊唐書附索引》（五）（臺北：鼎文書局，1976年），頁113。

　　字雖有質，跡本無為，稟陰陽而動靜，體萬物以成形，達性通變，
　　其常不主。故知書道玄妙，必資神遇，不可以力求也。機巧必須心
　　悟，不可以目取也。字形者，如目之視也。為目有止限，由執字體。
　　既有質滯，為目所視遠近不同。〔註25〕

虞氏認為字雖然是以筋骨血肉為「質」，但其跡是以無所造作之「體」為本，
是領受陰陽而有動靜，所以書法之陰陽動靜，端繫於書家之陰陽動靜，一旦書
家之心有所變，則其字跡亦隨之而有所改變，何況書道玄妙，必須藉由心之體
證，即從精神上去感知事理，方能得以契入，不可力求，不能單靠目視遠近來
理解。

　　虞氏提出心為字象之本體的觀念後，孫過庭（約與陳子昂（661～702）同
時）進一步探求書家之心與字象間的因果關係。《書譜》云：

　　雖學宗一家，而變成多體，莫不隨其性欲，便以為姿。質直者則徑
　　侹不遒，剛很者又倔強無潤……溫柔者傷於軟緩，躁勇者過於剽迫，
　　狐疑者溺於滯澀，遲重者終於蹇鈍，輕瑣者染於俗吏。〔註26〕

孫過庭認為就算書法學習同是取法一家，也會因每個人的個性、氣質、審美
觀的不同，而有不同的書法面貌，如本性剛直之人，書風直率挺拔但缺乏鋒
芒內斂之勁；剛直崛傲之人，書風峻拔倔強，缺乏潤澤之美；淳厚柔和之人，
其書失之於軟弱遲緩；急躁勇猛之人，其書顯得過於彪悍急迫等等，故知不
同個性、氣質之書家對書風有著決定性地影響。

　　以上，虞世南與孫過庭皆是從體論跡，心體為主，以論其字跡。而張懷
瓘（713～741）則是從字跡推尋心體，其〈文字論〉云：「文則數言乃成其意，
書則一字已見其心，可謂得簡易之道……然須考其發意所由，從心者為上，
從眼者為下。」〔註27〕張懷瓘認為從一個字即可探知人心，其辨識之法仍是
以心為主，但是從字跡考究其發意，以從心為上，從眼為下。在字的神采與
形質之間，其對形質皮相甚為鄙視，他說「深識書者，惟觀神采，不見字形」，
〔註28〕對於神采之美，亦認為「可以心契，非可言宣」，可見張氏評書注重的
是從「心」鑒察，而非從「眼」鑒別，這其實是與虞世南之觀點有相承繼之

〔註25〕《歷代書法論文選》，頁113。
〔註26〕《歷代書法論文選》，頁130。
〔註27〕《歷代書法論文選》，頁209。
〔註28〕《歷代書法論文選》，頁209。

處。另外，張懷瓘論書有君子小人之別，〔註29〕但從其所指陳之書法具「耀俗」、「肥滿」、「猶鄭聲」等特徵，所欲論者乃書法雅俗之別，與人之品德似乎關涉不大。

至此，唐代論書著重在心體，以心體作為字跡之本，從心與字之關係綰合人與書，與魏晉時代論書以人身筋骨血肉作形容，評書以人、物作譬喻的意象式批評，是較為進步地。到了宋代，因儒家思想之影響，論書兼論其為人，著重於書品與人品之關係，從而使「書如其人」說趨於成熟。

四、宋：首開以人品論書品之風氣

宋代任用文官，重視言職，對隋唐科舉制度作出重大改革，有效防止篡權與分裂動亂，促使新興知識階層登上文壇，政治、學術思想與文學批評皆出現活躍氣氛與景象。

歐陽脩（1007～1072）為仁宗朝文壇領袖，於政治改革與詩文革新上，有不少建樹。在書法方面，推崇唐代書家顏真卿，其《集古錄跋尾》中說：「顏公忠義之節，皎如日月，其為人尊嚴剛勁，象其筆畫」、「斯人忠義出於天性，故其字畫剛勁獨立，不襲前迹，挺然奇偉，有似其為人。」〔註30〕前者以人忠義之節、尊嚴剛勁比擬其字筆畫，是「人如其書」之見；後者以字畫剛勁獨立、挺然奇偉比附其人，是「書如其人」之觀。可見其推崇顏真卿書法，因顏魯公在安史之亂中所表現出的忠貞不屈之烈士品格，從而在其書作中亦表現出一種剛毅之氣，書品即如人品。

歐陽脩在《筆說・世人作肥字說》中認為，即使顏魯公書法寫得不好，後人見之必定寶愛：

> 古之人皆能書，獨其人之賢者，傳遂遠。然後世不推此，但務於書，不知前日工書，隨與紙墨泯棄者，不可勝數也。使顏魯公書雖不佳，後世見者必寶也。楊凝式以直言諫其父，其節見於艱危，李建中清慎溫雅，愛其書，兼取其為人。豈有其實，然後存之久耶？非自古

〔註29〕〔唐〕張懷瓘〈評書藥石論〉：「故小人甘以壞，君子淡以成，耀俗之書，甘而易入，乍觀肥滿，則悅心開目，亦猶鄭聲之在聽也。」《書苑菁華校注》卷十二，《中國歷代書法論著匯編》（天津：天津古籍出版社，1999 年），頁 183。

〔註30〕〔宋〕歐陽脩：〈唐顏真卿麻姑壇記〉、〈唐顏魯公二十二字帖〉，《集古錄跋尾》卷七、卷八，收入《歐陽文忠公文集》（六）（上海：上海商務印書館，1965 年），頁 1111、1115。

賢哲必能書也，唯賢者能存爾，其餘泯泯，不復見爾。〔註31〕

歐陽脩認為古代擅於書法的人不少，但唯有賢人之書作能長久流傳，不朽於世。即使顏真卿（709～785）書法不佳，其忠貞不屈的氣節，後世人見其書作必定寶愛之。楊凝式（873～954）直言諫父、李建中（945～1013）為人謹慎清雅等，皆是「愛其書，兼取其為人」之例，表達「字因人貴」、「書以人傳」之意。

　　蘇軾繼歐陽脩之後為文壇領袖，其「書如其人」觀於謫居黃州時確立，繼承歐陽脩之說，提出「書象其為人」之觀點，從「勁嶮刻厲」的書跡特徵，連繫歐陽詢「貌寒寢」的外貌，即「書如其貌」之立論，又從像其人之貌進而論其為人，指出「書有工拙，而君子小人之心不可亂也」，將書家之人品置在評書之主體地位，重視書家的道德修養。〔註32〕

　　不過，蘇軾在〈題魯公帖〉中卻有了不同的思考：

　　　　觀其書有以得其為人，則君子小人必見於書，是殆不然。以貌取人，
　　　　且猶不可，而況書乎？吾觀顏魯公書，未嘗不想見其風采，非徒得
　　　　其為人而已，凜乎若見其誚盧杞而叱希烈，何也？其理與韓非「竊
　　　　斧」之說無異。然人之字畫工拙之外，蓋皆有趣，亦有以見其為人
　　　　邪正之粗云。〔註33〕

蘇軾對於從觀看書作便可以知其為人，君子小人之別，必定可從書作判定；對這一必然性有了懷疑。就像是孔子以貌取人帶來誤判，〔註34〕更何況是書法

〔註31〕《歐陽文忠公文集》（五），頁1005。
〔註32〕〔宋〕蘇軾：〈書唐氏六家後書〉：「歐陽率更書，妍緊拔群，尤工小楷。高麗遣使購其書。高祖嘆曰：彼觀其書，以為魁梧奇偉人也。此非知書者。凡書象其為人。率更貌寒寢，敏悟絕人。今觀其書，勁嶮刻厲，正稱其貌耳。……古之論書者，兼論其平生。苟非其人，雖工不貴也。……柳少師書……其言心正則筆正者，非獨諷諫，理固然也。世之小人，書字雖工，而其神情終有睢盱側媚之態。」《東坡題跋校注》（陳友祥校注，上海：上海遠東出版社，2011年）卷四，頁245。蘇軾：〈跋錢君倚書遺教經〉：「人貌有好醜，而君子小人之態不可掩也。言有辯訥，而君子小人之氣不可欺也。書有工拙，而君子小人之心不可亂也。錢公雖不學書，然觀其書，知其為挺然忠信禮義人也。」《東坡題跋校注》卷四，頁214。
〔註33〕〔宋〕蘇軾：〈題魯公帖〉，《東坡題跋校注》卷四，頁197。
〔註34〕〔漢〕司馬遷撰；〔唐〕張守節正義、司馬貞索隱；〔宋〕裴駰集解：《史記·仲尼弟子列傳》，頁2205～2206：「澹臺滅明，武城人，字子羽。少孔子二十九歲，狀貌甚惡。欲事孔子，孔子以為材薄。既已受業，退而脩行，行不由徑，非公事不見卿大夫。南游至江，從弟子三百人，設取予去就，名施乎諸侯。孔子聞之，曰：『吾以言取人，失之宰予；以貌取人，失之子羽。』」

呢？蘇軾舉自己品賞顏真卿書作為例，從書蹟中想見其風采，彷彿見其形貌鮮明地呈現在自己眼前，之所以有這種情感與情境上之聯想，是因為早已對書家生平有一定地理解，在這基礎上，這情形就像是《韓非子》中疑人竊斧之說一樣，〔註35〕已帶有先入為主的偏見，因此才有此必然性之判定。

可見，蘇軾是對「君子小人必見於書」這一「必然性」作修正，認為這是過度擴大以人品論書品之標準。從書法中，除見其字畫工拙之外，只能「粗」略地見其為人之邪與正的不同趨向而已。

然而，後之評論者因蘇軾此一反思，而開為二途：一為肯定「書如其人」說，如黃庭堅、朱熹（1130～1200）、張栻（1133～1180）、周必大（1126～1204）等人，以書蹟評論政治人物如韓絳（1021～1088）、韓琦（1008～1075）、范仲淹（989～1052）、歐陽脩等之人品、氣節，見其書作亦似其為人；二為否定「書如其人」說，如李之儀（約1048～1117）、王澍（1668～1743）、吳德旋（1767～1840）等人，例舉李斯（前280～208）、趙孟頫（1254～1322）、張瑞圖（1570～1641）、王鐸（1592～1652）等人，反對以人廢書，對於視人於節有虧而否定其書藝價值，提出反對意見。此後，「書如其人」說，已成一爭議不休之論題，直至今日。〔註36〕

五、元明清：以人品論書品之延續

不過，由於儒家思想之影響，宋明理學大盛於兩宋，而北宋又因用人失當，先後重用呂惠卿（1032～1111）、章惇（1035～1105）、蔡京（1047～1126）等人，致使朋黨傾軋，人才盡失，令北宋於內憂外患交逼之下覆滅，故南渡士人特重人品氣節，書評中重視人品之論見，一直延續至晚清。元代郝經（1223～1275）承繼歐陽脩、蘇軾、黃庭堅等人所主張者，在〈諸生論書法書〉中，以顏真卿、蘇軾為例，標舉書法應以人品為尚，並進一步發揮柳公權之主張：

> 顏魯公以忠義大節……蘇東坡以雄文大筆……蓋皆以人品為本，其

〔註35〕陳秋宏考證蘇軾所言「韓非竊斧之說」，未見諸於《韓非子》一書記載，卻於《列子·說符》有「亡鈇意鄰」之故事，意謂亡鈇者，不明其鈇之所在，而根據鄰人之子顏色言語、動作態度，懷疑其竊斧。見〈「書如其人」觀再議〉，《文與哲》第30期，2017年6月，頁46～47。

〔註36〕「書如其人」說之爭議，可資參考之文獻、研究論文甚多，本文主要參閱陳秋宏〈「書如其人」觀再議〉一文之析論。

　　　書法即其心法也。故柳公權謂「心正則筆正」，雖一時諷諫，亦書法

　　　之本也。苟其人品凡下，頗僻側媚，縱其書工，其中心蘊蓄者亦不

　　　能揜，有諸內者，必形諸外也。〔註37〕

郝氏論書以人品為本，書法即心法，且視此乃誠於中而形諸外，是自然而然，勢在必行的表現。因此，郝氏進一步強調讀《六經》之重要性：

　　　今之為書也，必先熟讀《六經》，知道之所在，尚友論世，學古之人

　　　其問學，其志節，其行義，其功烈，有諸其中義，而後為秦篆漢隸，

　　　玩味大篆及古文……立筆創法，脫去凡俗。〔註38〕

既然書法是誠於中而形諸外之表現，讀古人書，學習古人之問學、氣節、行義、功烈，有諸如此道德學問於其中，充實滿溢則自然能藉由各種書體而形諸於外，不同凡俗。

　　晚明項穆（1573～1620）承其說，將書法視為儒家教化之輔助，《書法雅言·書統》云：「書之作也，帝王之經綸，聖賢之學術……故書之為功，同流天地，翼衛教經者也。」〔註39〕並基於倫理教化立場，強調人品於書家之重要性：

　　　蓋聞德性根心，睟盎生色，得心應手，書亦云然。人品既殊，性情

　　　各異，筆勢所運，邪正自形。書之心，主張布算，想像化成，意在

　　　筆端，未形之相也。書之相，旋折進退，威儀神采，筆隨意發，既

　　　形之心也。……所謂有諸中必形諸外，觀其相可識其心。〔註40〕

項穆認為道德本性在於心，有德者之修為會從儀態外表顯發出來，得心應手，書法也是如此。每個人之人品、性情參差有別，心之邪正亦隨著筆勢揮灑而自然流露。書法之心思，是經內心安排佈置、想像剪裁而形成之意象在於筆端中，此乃未成形之相。書法之外在可見之點畫形相，其轉折、收放、神采儀表，筆端跟隨心中意象而生於筆下，這即是成形後之心思。有諸中必形諸外，因此通過外在之「書相」，必定能了解內在之「書心」，故於〈知識〉篇提出「論書如論相，觀書如觀人」之主張。〔註41〕項穆又根據柳公權「心正則筆正」之觀點，提出「人正則書正」之論見：

〔註37〕《歷代書法論文選續編》，頁175。
〔註38〕《歷代書法論文選續編》，頁175。
〔註39〕《歷代書法論文選》，頁512。
〔註40〕《歷代書法論文選》，頁531～532。
〔註41〕《歷代書法論文選》，頁537。

　　柳公權曰：心正則筆正，余今曰：人正則書正。心為人之帥，心正
　　則人正矣。筆為書之充，筆正則書正矣。……如桓溫之豪悍，王敦
　　之揚厲，安石之躁率，跋扈剛愎之情，自露於毫楮間也。……若夫
　　趙孟頫之書，溫潤閑雅，似接右軍正脈之傳，妍媚纖柔，殊乏大節
　　不奪之氣。〔註42〕

項穆認為人的所作所為皆由「心」主導，心地純正之人，處世為人自然正氣凜
然；書法藉由筆來施行，只要運筆保持中鋒，其書自然中正。因此，心正則人
正，筆正則書正。之後例舉多人以其人品評書品，將「書如其人」說以人品氣
節為重，推向極致，尤其是傅山（1607～1684）論書，重視人品氣節，在〈作
字示兒孫〉中，痛詆趙孟頫。〔註43〕

　　晚清道光年間之朱和羹（約 1795～1850）與周星蓮（道光二十年舉人），
論書主張大體繼承前人理論而有所發展與新見。在書品與人品之關係上，首
重人品。如朱和羹《臨池心解》所言：「學書不過一技耳，然立品是第一關
頭。……論世者，慕其人，益重其書，書人遂並不朽於千古。……然則士君
子雖有絕藝，而立身一敗，為世所羞，不可為殷鑑哉！」〔註44〕周星蓮於《臨
池管見》序文中先是指出：「士先器識而後文藝，藝末也。禮樂射御書數皆藝
也，而書居其末。」之後在正文中提出「字如其人」之說，以為「筆墨之間，
本足覘人氣象，書法亦然。……凡此皆字如其人，自然流露者。」〔註45〕二
人論書著意於書家之品德，人品為先，書藝居末。

　　劉熙載（1813～1881）對文藝之態度，極重視人品。故在《藝概》中，認
為「詩品出於人品」（《詩概》）、「賦尚才不如尚品」（《賦概》）、「論詞莫先於品」
（《詞曲概》），而於「書」則具體提出「書，如也。如其學，如其才，如其志。
總之曰，如其人而已。」自唐以降，「書如其人」說之理論建構，至此趨於完
備成熟。

〔註42〕《歷代書法論文選》，頁 531～532。
〔註43〕〔明〕傅山：〈作字示兒孫〉，《霜紅龕集》（臺北：漢華文化，1971 年）卷四，
　　　　頁 106～108：「作字先作人，人奇字自古。……此是作人一著，然又須知趙卻
　　　　是用心於王右軍者，只緣學問不正，遂流軟美一途。心手之不可欺也如此。」
〔註44〕〔清〕朱和羹：《臨池心解》，《中國歷代書法論著匯編》（天津：天津古籍出版
　　　　社，1999 年）第十冊，頁 256～257。
〔註45〕〔清〕周星蓮：《臨池管見》，《中國歷代書法論著匯編（天津：天津古籍出版
　　　　社，1999 年）》第十冊，頁 286～287。

第二節　判準——劉熙載「書如其人」觀

　　劉熙載繼承揚雄「書為心畫」之說，認為「書也者，心學也」，書法這一藝術形式是心靈之表現，故「心不若人而欲書之過人，其勤而無所也宜矣。」〔註46〕心靈境界不高而企望書藝境界過人，無論如何勤奮練筆也無法實現。因此，「寫字者，寫志。故張長史授顏魯公曰：『非志士高人，詎可與言要妙？』」〔註47〕寫字就是抒發情志，而箇中奧妙只有志向高遠和品格高尚之人才能與他談論。於是「寫字」與「志士高人」相涉，與「人品高下」相關，而書學之關鍵在於心靈境界之提昇。

　　劉熙載認為，學習書法乃是藉由「二觀」以認識自然萬物並進而覺悟德性之過程：

　　　　學書者有二觀：曰觀物，曰觀我。觀物以類情，觀我以通德。如是則書之前後莫非書也。

　　　　筆性墨情，皆以其人之性情為本。是理性情者，書之首務也。〔註48〕

學書者藉由觀察自然萬物，體會自然豐富之生命華彩，而與自身生命相感通；以情寄於物，藉物寫情，以覺察人之性情，進而對高尚品德之醒悟即是對人性自身生命華彩之自覺，從而修正涵養以達到純正完善之品格。因為書法作品是以人之性情，即人的稟賦和氣質為根本，於是調理、培養性情，乃是書家首要之務。

　　學書者除具「二觀」、「理性情」外，亦當「與天為徒」、「與古為徒」：

　　　　與天為徒，與古為徒，皆學書者所有事也。天，當觀於其章；古當觀於其變。〔註49〕

「與天為徒」即取法自然，以造化為師，其目的與「觀物以類情」相同。「與古為徒」即是取法於古人，從古代優秀的書法作品，留意其發展規律、糾正書寫習慣，進而反省自己之性情，以提高自己的心靈境界，拓寬視野，而以自己鮮活之生命體驗溝通古今，進而化古為己用：

〔註46〕〔清〕劉熙載著；鄒軼注評：《劉熙載・書概》，頁365，第229條：「揚子以書為心畫，故書也者，心學也。心不若人而欲書之過人，其勤而無所也宜矣。」本篇對劉熙載「書如其人觀」之論述以此注評為主，之後凡引用原文，只標注書名條目頁次，不再一一詳注。

〔註47〕《劉熙載・書概》，第230條，頁366。

〔註48〕《劉熙載・書概》，第246、232條，頁388、369。

〔註49〕《劉熙載・書概》，第2條，頁18。

《洛書》為書所托始。《洛書》之用，五行而已；五行之性，五常而
已。故書雖學於古人，實取諸性而自足者也。〔註50〕

《洛書》與《河圖》是傳說中最早的兩種文字。《周易・繫辭上》云：「河出圖，洛出書，聖人則之。」〔註51〕《洛書》即儒者傳說中最早的文字之一，其作用不過是闡述「五行」：水、火、木、土、金而已。五行之本性，無非是「五常」：仁、義、禮、智、信。換言之，文字承載之內涵，蘊含著儒家五常之倫理道德精神與價值標準。所以書法雖然是向古人學習，其實還是取自於五常而表現自我之性情。由此可知，劉熙載所謂之「古」，乃是經過歷史淘洗後之精英作品，因引發的對人性情之體會以及隱含其中之價值標準，具有內在之穩定性和恆長性。「古」可說是對「道」這一價值追求之歷史體現，所以可作為取法標準之一。

另一個標準，劉熙載則以儒家經典對德行評價之標準作為學書之標準：

書，陰陽剛柔不可偏陂，大抵以合於《虞書》九德為尚。〔註52〕

《虞書》之九種品德（忠、信、敬、剛、柔、和、固、貞、順）是出自於人性，是人對理想人格之自覺追求，象徵人生的高尚境界。而書法是與自然（天地萬物）、性情（稟賦氣質）息息相關的藝術形式，其表現正是要在用筆、結構乃至章法等等對立矛盾的關係中，達到收放合度，和諧統一，在陰陽剛柔的完美融合中呈顯人性的美好高尚。因此，書法創作之終極表現，即是人格修養所達到的最高境界。由此可以理解：

寫字者，寫志也。故張長史授顏魯公曰：「非志士高人，詎可與言要妙？」

鍾繇《筆法》曰：「筆迹者，界也；流美者，人也。」右軍《蘭亭序》言「因寄所託」、「取諸懷抱」，似亦隱寓書旨。〔註53〕

書家藉由書蹟所呈顯的是一個人高尚的志向、懷抱與美好的人性、寄託。

劉熙載又從「觀人於書，莫如觀其行草」的角度，談書法與人之性情志向之關係：

觀人於書，莫如觀其行草。東坡論傳神，謂具衣冠坐，斂容自持，則不復見其天。《莊子・列御寇》篇云：「醉之以酒而觀其則」，皆此

〔註50〕《劉熙載・書概》，第 227 條，頁 362。
〔註51〕〔宋〕程頤著：《易程傳》（臺北：文津書局，1987 年），頁 600～601。
〔註52〕《劉熙載・書概》，第 228 條，頁 364。
〔註53〕《劉熙載・書概》，第 230、233 條，頁 366、370。

意也。

書，如也。如其學，如其才，如其志。總之曰，如其人而已。

書可觀識，筆法字體，彼此取捨各殊，識之高下存焉矣。

賢哲之書溫醇，駿雄之書沉毅，畸士之書歷落，才子之書秀穎。〔註54〕觀人之書，行、草最易見書者之性情。其實篆、隸、楷皆可看見，不過相對於行、草書，則更考驗觀者之眼力。東坡在論傳神時說，一個衣冠整齊、正襟危坐、面容收斂、端莊自持的人，就看不出他的天性（本來面目）了。《莊子·列禦寇》篇說，以酒使他喝醉而觀察其（不正）的儀則；都是同一個道理。因此，綜上所論，從書法可以體察出作者的學識、修養、志向、才質和性情。劉熙載以「學」、「才」、「志」將「書」與「人」聯繫起來，進而能聯想到書家其人，在一定程度上，反映書家本身之某些特徵，而從書家對於筆法和字體之間的取捨，亦可看出一個人才識之高低。因此，德行高尚之人的書法溫雅醇厚，智勇雙全之人的書法深沉剛毅，奇特不凡之人的書法灑脫俐落，才華橫溢之人的書法秀麗靈動。

此外，「書以才度相兼為上」，〔註55〕才能和氣度兼而有之為上乘，所展現的作品的內涵韻味就越深厚。因作品是發自內心，是一己心行之寫照，故「書尚清而厚，清厚要必本於心行，不然，書雖幸免薄濁，亦但為他人寫照而已。」〔註56〕書風以清朗淳厚為上，「清厚要必本於心行」，即書家以形成自我風格為可貴，避免與自己的心行分裂，書學即心學，即是自我的修身養性，藝術活動即是人不斷提高自己生命境界的自覺修為。

第三節　弘一法師書藝及其人格特質

從劉熙載「書如其人」觀可知，書學即心學，從書法可以體察出書家之學識、才情、志向，所以書如其人；而書法境界取決於書家之心靈境界，寫字即寫志，書蹟所呈顯的是一己之心志、性情，惟有加深自己的學識、才能與人格修養，提昇生命境界，作品所呈顯之內涵韻味自然日益深厚清高。今欲探討弘一書法與其人之關係，則依據劉熙載「書，如也。如其學，如其才，如其志。總之曰，如其人而已」之觀點，一從弘一法師之學識、才能、志向說明與弘一

〔註54〕《劉熙載·書概》，第 239、240、242、241 條，頁 380、381、384、382。
〔註55〕《劉熙載·書概》，第 243 條，頁 384。
〔註56〕《劉熙載·書概》，第 244 條，頁 285。

體之關聯；一從弘一體特點與人格特質，說明書如其人。

一、弘一法師之學識、才能、志向與弘一體

　　劉熙載以「學」、「才」、「志」聯繫「書」與「人」之關係，從書作體察書家之學識、才能與志向。又特別強調「志」的重要性，寫字即寫志，書蹟呈顯的是書家高尚志向與美好之寄託。因此，在「學」、「才」、「志」三者之中，是以「志」為首，統攝「學」、「才」。

　　而其所謂「志」是指人格修養，故書法境界非志士高人，無法與其談論箇中奧妙。這與儒家以「德」為本之文藝觀相契合，從《論語》中可知，孔子教導青年的修養道路，是先德行而後文藝，〈學而篇〉說：「弟子入則孝，出則悌，謹而信，汎愛眾，而親仁，行有餘力，則以學文。」〔註57〕指明青年人以德為本，有餘力才學詩書六藝之文。〈述而篇〉說：「志於道，據於德，依於仁，游於藝。」〔註58〕是以孔子的學行歸向與對文藝活動的態度，作為學習的榜樣。

　　從「志」統「學」、「才」以觀弘一法師，更是如此。在第三章弘一法師的人格中已經說明，弘一法師自小接受傳統儒家教育，以《論語‧鄉黨》為生活準則，效法孔子；常誦讀以儒家思想為主的民間生活倫理之書，尤其是《格言聯璧》直至晚年不輟，並選錄佳句輯成《格言別錄》。日後於杭州任教時，《人譜》一書常置案右，並以書中「士先器識而後文藝」之語期勉有藝術才華的學生，直至出家，嘗告誡人：「應使文藝以人傳，不可人以文藝傳。」在第四章言及其「書法學習觀」，首重學字者之道德修養，而在第三章第二節所列舉之諸多事蹟，是其人格修養之具體表現。以上種種足以說明，弘一法師是完全落實劉熙載以「志」為首之「書如其人」觀，亦是對孔子文藝觀之承繼。

　　其次，從目前遺留下的弘一法師書蹟，以觀其「學」與「才」，即學識與才能。從《李息翁臨古法書》可以看見其向古人學習方面，涉獵之廣，篆隸楷行草各有所本，且臨摹得其形神，足見其用功之勤。出家後雖不再臨帖，但從他的寫經之作可見其修學面向多元，有律宗、淨土經論、華嚴經、藥師經、古德法語嘉言等，而其寫經數量之多，太虛法師推為近數十年來僧人寫經之冠。〔註59〕這是由其書蹟以觀其學識，其實弘一法師集詩詞、書畫、篆刻、音樂、

〔註57〕〔宋〕朱熹著：《四書章句集注》，頁64。
〔註58〕《四書章句集注》，頁126。
〔註59〕蔡冠洛：〈廓爾亡言的弘一大師〉，《弘一大師永懷錄》，頁254。

戲劇於一身，其學養深厚、才華洋溢自不在話下。

在「志」統「學」、「才」，寫字即寫心之前提下，從其書法風格之變化亦可反映其心靈境界。從第四章弘一法師的學書歷程可知，出家前之書風，用筆凝重厚實，點畫方折勁健，氣勢雄強，魏碑風格十足，且為求「金石感」故意抖動線條，不免沾染時風習氣。此時的李叔同可謂是積極入世，施展才能，逐步落實以美育淑世之理念。

出家之後以至形成「弘一體」的十三年中，是探索變化時期，此時的書法在弘一法師心中，已視為一種宏揚佛法的工具，故不再刻意求工，摒棄古人碑帖，不在書藝上有所追求，如同他自己所說：「朽人於寫字時，……於常人所注意之字畫、筆法、筆力、結構、神韻，乃至某碑、某帖、某派，皆一致摒除，決不用心揣摩。」〔註60〕在過程中又接受印光法師對寫經書體之指正而開始探索求變，內容以佛經偈語與古聖先賢嘉言為主。這期間也是弘一法師決心弘揚律學並為早證念佛三昧而努力修持，平日重視人格修養的弘一法師，在佛法之薰陶下必然影響其心境而反映在書法中，使其書風從雄強勁健日益趨向恬靜平淡，結體從方正厚重日益轉為瘦長疏朗，用筆從方折外拓、鋒棱畢露、擺盪抖動，日漸圓筆內斂、筆筆藏鋒、隨意自在，從而形成獨具一己面目的「弘一體」，並日漸成熟，直至圓寂。

弘一法師書風遷變之過程正如同其一生從絢爛歸於平淡之歷程，書蹟書風之遞嬗正反映其人生際遇，此時所形成的「弘一體」，不僅僅是書法技藝上之展示，更是書家人格與個性的外在表現。因此，寫字即寫志，在弘一法師身上是可以得到證明。

二、弘一體特點與人格特質

弘一法師圓寂前十年，是「弘一體」的成熟期，也是人書俱老之時。書法是一門表現藝術，寫字即寫志，此時所呈顯之特點，亦是其內在人格修養、心靈境界之表現。在寫給馬冬涵的信中，弘一法師曾舉出自己書法之特點：「又無論寫字、刻印等，皆足以表示作者之性格。（此乃自然流露，非是故意表示。）朽人之字所表示者：平淡、恬靜、沖逸之致也。」〔註61〕弘一法師所自舉之三項特點，既是書法風格，也可用以形容其人格特質。

〔註60〕致馬冬涵（三通）·一（一九三八年舊十月二十九日，泉州承天寺），《弘一大師全集·八》，頁252。
〔註61〕致馬冬涵（三通）·一，《弘一大師全集·八》，頁252。

　　所謂平淡，若於書法之表現為平淡無味、平凡無奇，實在不值一提。弘一法師以平淡作為自己書法特點之一，其寓意深遠，非字面上之意義，乃如董其昌（1555～1636）所言：「筆勢崢嶸，辭采絢爛，漸老漸熟，乃造平淡，絢爛之極。」〔註62〕是曾經追求筆勢雄奇勁健、文采繁縟，歷經絢爛之極後，漸老漸熟而後得之平淡。

　　宋曹（1620～1701）亦云：「若一味仿摹古法，又覺得刻劃太甚，必須脫去摹擬蹊徑，自出機軸，漸老漸熟，乃造平淡，遂使古法優游筆端，然後傳神。」〔註63〕書法學習必有臨摹古人法帖之階段，如劉熙載所言，應取法古人，從古代優秀作品中提昇自己技藝與心靈境界。不過，宋氏指出，若是一味地摹仿則會刻劃太甚而無法跳出窠臼，必定要能擺脫摹擬，創造出屬於自己的風貌，漸老漸熟，達到一種淡而深遠、淡而味長之境界，使古法優游筆端而傳神。

　　弘一法師自小學字，以其凡事認真的人格特質，如夏丏尊於《李息翁臨古法書》中所言：「居常雞鳴而起，執筆臨池。碑版過眼便能神似，所窺涉者甚廣。」〔註64〕其於碑於帖之臨摹工夫甚深，又如豐子愷所言：「他的字，功夫尤深，早年學黃山谷，中年專研北碑，得力於《張猛龍碑》尤多。」〔註65〕弘一法師早年書作可謂是遵循中國傳統書法規範，汲取大家書風之精髓，掌握碑學之筆畫特徵，棱角分明，斬釘截鐵，雄強渾厚，遵古守法，師古而不越古。而在其歸國任教期間是一生藝事輝煌絢爛時期，也是書作多產高峰時期。

　　出家後摒棄古人碑帖，決不揣摩，於書藝不復追求，加上其於律宗上之修持，帶來莫大影響。律宗於佛門中最難修持，一舉一動皆有戒律。弘一法師曾於〈改習慣〉之演講中說道：

　　　　余於三十歲時，即覺知自己惡習慣太重，頗思盡力對治。出家以來，
　　　　恆戰戰兢兢，不敢任情適意。但自愧惡習太重，二十年來，所矯正
　　　　者百無一二。自今以後，願努力痛改。〔註66〕

或許弘一法師想起自己三十九歲出家前的大才子、貴公子的風流生活，沾染世俗習氣，深知出家後必須徹底與過去告別，才是真正地修持，但也有可能

〔註62〕董其昌：〈容臺別集〉，《中國書論辭典》（陶明君編，長沙：湖南美術出版社，2001 年），頁 396。

〔註63〕宋曹：〈書法約言〉，《歷代書法論文選》，頁 564。

〔註64〕弘一法師：〈李息翁臨古法書序〉，《弘一大師文鈔》（李芳遠編，臺北：天華出版，1993 年），頁 38。

〔註65〕夏宗禹編：《弘一大師遺墨跡》（北京：華夏出版社，1987 年），頁 189。

〔註66〕弘一法師：〈改習慣〉，《中國人的禪修》，頁 61～62。

是對蕅益大師教誨的認真篤行。

　　弘一法師一生私淑蕅益大師之行，嘗依《靈峰宗論》摭寫警訓一卷，題曰《寒笳集》。在「法語」一節中所選錄的三十九則裏，就有八則強調習氣對修行之障礙：

> 流俗知見不可入道，我慢習氣不可求道；
>
> 習氣不除，無出生死分；然習氣熏染非一朝一夕之故，不痛加錐掊，何由頓革？
>
> 若的確求出生死，……軟煖習氣，盡情打掃乾淨；
>
> 一大小經律論，雖字字明珠，言言見諦；然各就習氣所重，對治所宜；或隨時弊不同救拯有異，不妨摘出要言，期自利利他。
>
> 世法惟恐不濃，出世法惟恐不淡。欲深入淡字法門，須將無始虛妄濃厚習氣盡情放下，放至無可放處，淡性自得現前。淡性既現，三界津津有味境界如嚼蠟矣。
>
> 尅除習氣，莫若三業行慈，三業行慈，則無十過。十過既除，十善斯在，而五乘之本立矣。然後以實相印之，法法皆歸佛道。……不然，學問愈多，我慢愈熾，習氣愈長，去道愈遠，惟益多聞，增長我見，可懼也。
>
> 十二時恆檢點身口意業，善多耶？惡多耶？無記多耶？堪消四事耶？不堪耶？如此慚愧覺悟修省；自然習氣漸消，智光漸露，祖意佛意，顯於一念清淨心中矣。
>
> 不能捨棄名言習氣，不達如來說法旨趣；
>
> 勿貪世間文字詩詞，而礙正法；勿逐慳貪嫉妒我慢鄙覆習氣，而自毀傷。內不見有我，則我無能；外不見有人，則人無過。一味癡呆，深自慚愧，劣智慢心，痛自改革。〔註67〕

從這些警語可見，弘一法師十分重視習氣對修行帶來多大障礙，這些習氣，有貪欲、嫉妒、我慢、名言等等，其中貪欲不止貪名利，還有貪世間的文字詩詞，這些都要盡情打掃乾淨，盡情放下，放至無可放處，淡性自得現前，對三界有味境界再也不起心動念如嚼蠟一般。

　　因此，弘一法師嚴守戒律，帶著懺悔前塵之心修持對治；放下名利之心，

〔註67〕弘一大師輯：《弘一大師格言別集》（臺北：天華出版社，1982年），頁36～50。

避絕虛舉，怕墮名聞利養窟中而常自反省；漸漸放下一切，鹹淡均味，安於清貧。或許已然達到蕅益大師所說的「淡性現前」之境界；如第三章人格特質一節所說，弘一法師清癯瘦長的外形給予人的觀感，總給人一種寧靜溫和、慈祥親切、泊然恬然的神情與態度，其心懷永遠是安詳謙虛，盎和恬適，讓人望之莊嚴可敬；其飄逸的神態，清絕人間，無一點煙火氣。

在嚴持戒律力除習氣的過程中，弘一法師的書法風貌也慢慢地有所變化。在筆法上，其字筆畫線條漸次凝聚收斂而至圓潤純淨，不見銳鋒，不擺盪、不抖動，行筆自如，看似平淡不經意，卻內質豐盈而氣凝神斂不軟靡。

在結體上，常常斷開筆畫與筆畫之間的連接，尤其是橫折，多變為兩筆，取消提按頓挫之強烈力勢，而換得一種簡淨之觀感，而筆畫斷開亦使結體之內部空間與外部空間相通透，除此之外，常簡省筆畫，配合筆畫斷開，在體式上產生一種空靈感，也使字變得修長、疏朗。此外又弱化不少的鈎筆與尖鋒，使原本遒勁有力之鈎筆轉而變得含蓄圓潤，因此，在斷開筆畫與弱化橫折、鈎筆下之結體，加以筆畫質豐氣凝之配合下，狀似柔弱卻充滿能量，似乎呈現出老子「專氣至柔能如嬰兒乎」〔註68〕之狀態。

在章法上，弘一法師尤其重視，在第四章書法學習觀一節中曾說過，就一幅字而言，章法五十分，字三十五分，墨色五分，印章十分。弘一法師在章法處理上是將書法視為一圖案畫，以西方之構圖原理處理整體畫面，如他所說：「朽人於寫字時，皆依西洋畫圖案之原則，竭力配置調和全紙面之形狀，……故朽人所寫之字，作一圖案觀之則可矣。」〔註69〕

因此，表現在作品上則是字與字之間距相當地大，有時甚至超過字體本身，留下很大的空白，產生一種空闊感。再加上結體上斷開筆畫，線條瘦長簡約，使得章法中行距、字距與字結體中之空白連接在一起，產生一種通澈感，從而消除原本筆筆連接所形成之封閉空間帶來的緊張感。而這般大幅度留白所產生的空闊與通澈，使這些留白彷彿一泓靜水，也像一面鏡子，將線條之純淨、圓潤、凝斂反襯出來，給人以一種淡然、自在、靜穆、單純的觀感。這種觀感，豐子愷以「輕描淡寫，毫無煙火氣」〔註70〕來形容，彷彿是不經意地書

〔註68〕〔魏〕王弼等著：《老子四種》（臺北：臺大出版中心，2016年），頁7。
〔註69〕致馬冬涵（三通）・一，《弘一大師全集・八》，頁252。
〔註70〕豐子愷：〈為青年說弘一法師〉，《豐子愷文集・文學卷二》第六冊，頁152～153：「他的字，功夫尤深，早年學黃山谷，中年專研北碑，得力於《張猛龍碑》

寫，像位隱逸者，不食人間煙火，離塵脫俗。

　　馬一浮云：「晚歲離塵，刊落鋒穎，乃一味恬靜，在書家當為逸品。」〔註71〕「恬靜」是出自道家之用語，《莊子・天道》中說：「夫虛靜恬淡，寂寞無為者，萬物之本也。」〔註72〕這是說明虛靜恬淡、寂寞無為之境地是萬物的本源，馬一浮則是用以形容書家心靈上之寧靜與自足，所以作品帶有一種從容不迫的閑適感，沒有絲毫的不安與違惑。這與弘一法師外形上給人的平靜寧謐，老是帶著和善的笑容之觀感是相符應地。

　　「逸品」是以逸格來品評書法，歐陽脩釋「逸」字為：「蹤任無方曰逸」〔註73〕，則逸字有任意不羈之義，張懷瓘〈書斷〉云：「幽思入於毫間，逸氣彌於宇內」〔註74〕，宋曹〈書法約言〉云：「仍須帶逸氣，令其蕭散」〔註75〕，從二人對逸字之使用，則逸字具有縱橫開拓、瀟灑散朗之氣勢。金學智在《中國書法美學》中提到詩、書、畫中對「逸」的敘述眾多：「司空圖〈二十四詩品〉、盧派〈二十四書品〉均有『飄逸』一品，黃鉞〈二十四畫品〉、楊景曾〈二十四書〉均有『澹逸』一品，與飄逸比較接近。飄逸，相涵、相當或接近於飄逸、澹逸、飛逸、逸宕，……並與瀟灑一品呈現出某種交叉。」〔註76〕大致而言，是不屬於技巧層面而是神情、境界層面，表現出一種超俗、蕭散、不羈的風格。

　　徐復觀指出：「逸者必簡，而簡也必是某程度的逸。」〔註77〕弘一法師常簡省筆畫，多見於點畫波磔，徐氏之見正說明弘一體特色形成之由，亦與弘一法師給予人風骨灑脫、清秀飄逸之觀感相符合。

　　另外，與「逸」相連用者之「沖」字，《老子・上篇・四章》有：「道沖而用之，或不盈」（另一種斷句：「道沖，而用之或不盈」）之句，〔註78〕許慎《說

尤多。晚年寫佛經，脫胎換骨，自成一家，輕描淡寫，毫無煙火氣。」
〔註71〕馬一浮：〈跋弘一大師《華嚴》集聯墨蹟・一九三七年十二月十五日〉，《馬一浮集》第二冊，頁82～83。
〔註72〕〔戰國〕莊周及其弟子著；〔晉〕郭象注；〔唐〕成玄英疏、陸德明釋文；〔清〕郭慶藩集釋：《莊子集釋》（臺北：臺灣中華書局，1973年），卷五，頁244。
〔註73〕〔宋〕歐陽脩：〈與石推官書〉，《歷代書論輯要》（季伏昆編著，南京：江蘇美術出版社，2000年），頁428。
〔註74〕《歷代書法論文選》，頁155。
〔註75〕《歷代書法論文選》，頁569。
〔註76〕金學智：《中國書法美學》（南京：江蘇有藝出版社，1994年），頁813。
〔註77〕徐復觀：《中國藝術精神》（上海：華東師範大學出版社，2004年），頁193。
〔註78〕〔魏〕王弼等著：《老子四種》，頁4。

文解字》云:「沖,盅之假借,虛器也。老子道盅而用之」,〔註79〕由許氏之解釋可知,「沖」的本字是「盅」,一種內容空虛能裝物之器皿,故「沖」字具有「虛」、「虛空」等義,以形容「道」本身非實體,貌似虛無卻又真實存在,故能用之無窮。

又《老子‧下篇‧四十二章》有:「萬物負陰而抱陽,沖氣以為和」之文句。〔註80〕「沖氣」王弼釋為萬形之主,河上公註為元氣,萬物因元氣得以和柔,若胸中有藏,骨中有髓,草木中有空虛,與氣通,故得久生也。〔註81〕因此沖氣具有和柔之用,由是「沖」字具有「和」、「柔」等義。如唐太宗李世民〈指意〉篇中即將「沖和」連用以論書法。〔註82〕

如此一來,「沖」字即具有「虛」、「和」等義,用以形容弘一法師之書法,由於其留白甚多,相當符合其「虛多實少」、「空靈」之風格,又其用筆圓潤凝斂含蓄,產生一種平和親切之整體觀感。因此,「沖」字是著重於外形上之觀感,再加上前述「逸」字是著重在神情、境界層面,「沖」「逸」二字合用,正可將書法作品之內外形神完整詮釋,表達一種空靈超俗、飄逸不羈、瀟灑盅和的書風。

由以上所論述,平淡、恬靜、沖逸既是弘一體之特點,也是弘一法師給予人之觀感,書法特色如同其人格特質,正是書如其人也。故在葉聖陶眼中,弘一法師的字,個個像是謙恭溫良之君子,其說道:

> 就全幅看,許多字是相互親和的,好比一堂謙恭溫良的君子人,不亢不卑,和顏悅色,在那裏從容論道。就一個字看,疏處不嫌其疏,密處不嫌其密,只覺得每一畫都落在最適當的位置,移動一絲一毫不得。再就一筆一畫看,無不教人起充實之感,立體之感。有時有點像小孩所寫那麼天真,但一邊是原始的,一邊是純熟的,這分別又顯然可見。總括以上的話,就是所謂蘊藉,毫不矜才使氣,功夫在筆墨之外,所以越看越有味。〔註83〕

〔註79〕 〔漢〕許慎著,〔清〕段玉裁注:《新添古音說文解字注》十一篇上二「水部」,頁552。
〔註80〕 《老子四種》,頁37。
〔註81〕 《老子四種》,頁38、頁129~130。
〔註82〕 〔唐〕李世民:〈指意〉,《書學集成》(王伯敏等編,河北:河北美術出版社,2002年),頁99:「所資心副相參用,神氣沖和為妙,今比重明輕,用指腕不如鋒芒,用鋒芒不如沖和之氣自然。」
〔註83〕 葉聖陶:〈弘一法師的書法〉,《弘一法師書法集‧序一》(上海:上海書畫出版社,1993年),頁1。

葉氏之言正可為弘一體書如其人作註腳，而謙恭溫良也是弘一法師的人格特
質之一，前文已有提及，在陳慧劍與李璧苑之論文中，皆指出弘一法師這項人
格特質。而弘一法師這有如君子般謙恭溫良的字，有如小孩子所寫般天真的
字，毫不矜才使氣，功夫在筆墨外，越看越有味，故葉氏以「蘊藉有味」來形
容弘一法師的字。

　　陳祥耀認為要寫出這種字必須要先有一番準備工夫：

> 寫這種字，必先把全股精神，集於心中，然後運之於腕，貫之於筆，
> 傳之於紙。其發於心也，為心澄，為神住，故其作為字也，有一種
> 斂神藏鋒之氣韻，心正筆正，此之謂矣，與信手揮灑，解衣磅礴者，
> 又自不同。有法師之人品，有法師心靈修養工夫，有法師書畫天才，
> 故有法師那種清氣流行、線條俊蕩之書法。……以個人前年所費兩
> 星期臨摹法師的書法的知難而退的經驗論：則法師之字，最難寫是
> 每筆收筆的一剎那，收筆時能夠學得到法師之斂神藏鋒工夫者，其
> 人可謂得此道三昧矣。〔註84〕

陳氏是有實際書寫經驗之書家，所提出之見解是付諸實行後的經驗談，具有參
考價值。他認為要寫像弘一體這種字之前要先把精神集中、靜下心來，心澄筆
正之後所寫出的字自有一種斂神藏鋒之氣韻。而且弘一法師之字與其人品、心
靈修養工夫、書畫天才有關，沒有這些內涵是寫不出那般清氣流行、線條俊蕩
之書法，這種見解也正是書如其人的另一種詮釋。而他自己也提出臨摹法師書
法最難寫之處，在於每一筆之收筆的一剎那能表現出斂神藏鋒之工夫，可提供
給想學弘一體之學書者作為參考。

　　此外，陳氏還提出弘一法師的字具有幫助人將散漫昏擾之心恢復安適的
功能：

> 個人每當情緒散漫，昏昏擾擾地需要恢復安適的當兒，嘗多倚藉效
> 法老人之字。我深知學老人的字，很可幫助我們收束「放心」，這話
> 希望讀者不要誤會是故涉「神秘」，凡稍能觀照藝術的，未始不能得
> 到類似的意味也。〔註85〕

陳氏在情緒散漫昏擾時，藉由學弘一法師之字而得以恢復安適，收拾放失之
心，這當是受弘一體書風平淡、恬靜、沖逸之薰染所得到的效果，或許當自己

〔註84〕陳祥耀：〈弘一法師在閩南〉，《弘一大師永懷錄》，頁203。
〔註85〕陳祥耀：〈紀念晚晴老人〉，《弘一大師永懷錄》，頁256～257。

也散漫昏擾之時，不妨可以為之一試。

繼陳氏之後，杜忠誥也提出自己拜讀弘一法師書藝作品之心得，指出弘一法師雖以羊毫筆書寫，為求線質樸厚勁澀而行筆緩慢，但卻不使點畫神情呆滯，表現出淳樸、恬靜的意味和高曠的氣象，這才真正令人由衷佩服，歡喜讚嘆！並以弘一法師自己的話「是字非思量分別之所能解」作為評價，認為弘一法師書藝已達最高境界。〔註86〕

這一種「是字非思量分別之所能解」之書藝最高境界，或許與蔡冠洛用「廓爾亡言」來形容弘一法師人格修養境界相等同，其在〈廓爾亡言的弘一大師〉一文中說道：

> 他這回到紹興，在城南的一角野裏叫做草子田頭小庵裏住了好多天。我們休假日，終是跑去見他的，但並和他多說話，往往是面對面默然坐著。那時雖然有許多的問題，或是關於人生的，或是關於佛法的，很想請教一些，而對著他那副真誠的態度，和慈祥而帶著微笑的顏面，似乎覺得一切已解決了，已明白了，這已是人生應有態度，佛法終極的趨向，已不必別有所求，如果落了言詮，反而虧損了這具體而現實的道範了。以後每回見面，他總是「廓爾亡言」，因想世尊在靈山會上，不立語言文字，拈花示眾，就是最美滿的一個法會了。〔註87〕

不必用文字言語，只是讓人對著那真誠的態度與慈祥而面帶微笑的顏面，就解決了人們心中的許多問題，這種「廓爾亡言」的姿態，用世尊不立文字語言，拈花示眾相比擬，可謂是讚嘆到極點，正如其書藝境界，非思量分別所能解，似乎一落了言詮，便什麼都不是，書藝之最高境界等同於人格修養之最高境界，書如其人也。

綜上所述，弘一體是絢爛至極歸於平淡之作，其平淡、恬靜、沖逸之書風，正與其人格特質相符應，而且字字如謙恭溫良之君子，蘊藉有味，有著人品、心靈修養工夫、書畫天才之內涵，能幫助人澄心，使散漫昏擾之情緒得到安適，其書藝境界非思量分別所能解，正如其一向「廓爾亡言」之姿態；書如其人是可以在弘一法師身上得到證明。

〔註86〕杜忠誥：〈是書非思量分別之所能解——弘一法師書藝讀後〉，《弘一法師翰墨因緣》，頁107～108。
〔註87〕蔡丐因：〈廓爾亡言的弘一大師〉，《弘一大師永懷錄》，頁250。

第六章 結 論

　　弘一法師的人格與書法，在經由以上各章所進行的研究之後，筆者歸納整理出幾點分為兩方面敘述，作為此次研究所得之成果：

一、德行與文藝

（一）家庭教養奠基

　　李叔同傳統儒家文化人格，來自於李家之教養，而李家之教養以儒佛兼修之筱樓公為主。平日以《論語・鄉黨》為生活準則，重視道德修養，不因鹽商身份而豪奢，反而以惜福為重，常救濟貧寒孤寡，辦義學等慈善事業。雖然不清楚筱樓公在佛法上之修持，但以他臨歿時安詳而逝，如入禪定，足見是有相當地修為。其本身就是一位由儒入佛之最佳示範，其逝世後，李家以之為學習效法對象，以此教養李家後代子孫，並在李叔同身上得到成功。換句話說，沒有筱樓公重視道德修養，以孔子為學習對象的家庭教養，不會有今日的李叔同。由此可見，家庭教養對孩子人格形成居於重要地位，它將影響這個孩子未來的發展走向。因此，李家之教養對於現代家庭教育具有啟發性。

（二）師承與交遊輔助

　　李叔同之儒家人格奠定於李家教養，為步入仕途接受傳統書院教育，而中國傳統書院是儒家文化的重要象徵和傳播載體，重視生徒之人格教育。因此，李叔同儒家人格之發展除李家教養外，在此得以接續。日後師從趙元禮，其重視人格之文藝觀也對李叔同有一定的影響。父執輩的嚴修，為變革科舉制度而積極推動新式教育，其精神與行動應給李叔同起示範作用；於南洋公

學師從蔡元培先生，其美育思想亦帶給他不少的啟發。而他所交遊的對象，如從小陪他長大的徐耀庭，是位有道德操守的良善之人，不僅在書畫篆刻是他的啟蒙老師，在李叔同成長過程中予以善惡分析與正確引導，對李叔同人格的形成，有著重要的影響。在此基礎下，跟唐靜岩學書法篆刻，更是打下厚實的基礎。除了人格發展之外，上述幾位本身在詩文書畫上都有一定的造詣，加上隨之而結識華世奎、王仁怕、孟廣慧等人都在人品上、文藝上能作為相互切磋的藝友。相似的情況也在其預備出家與出家後的行事上。李叔同在佛教方面的問題與疑惑，得到馬一浮與范古農的指教提點，使他能確立遠秉蕅益大師，近承印光長老之學習對象與修學方向，不致走冤枉路，徒勞而無功。在交遊上有夏丏尊、劉質平、豐子愷等友生，在李叔同出家後一直給予關心幫助與供養，使其得以無罣礙地專志於修學上。因此，由以上種種可知，師承與交遊十分地重要，能使李叔同在人格成長、文藝學習、佛法修持上，得到更好的成長與發展。

（三）自覺努力成就

李叔同在人格成長上，李家教養與師承交遊只能算是外緣條件，儘管外緣條件具足而良好，自己本身不願遵從或甚而排斥，則不可能有所成就。從生平經歷來看，李叔同天資聰穎，學習能力強，而對於以儒家思想為主的民間生活倫理之書，並不排斥，甚至是喜愛這些格言式的規範，並認真地遵守照做，這可以從他日後對其二兄禮貌隨人之貴賤而異的待人處事，心中感到不平而反其兄之道而行的行為上可見一斑。日後任教杭州，案右常置《人譜》一書，並題「身體力行」以策勵自己。出家後常抄錄古德嘉言法語，後來又從一直帶在身邊之《格言聯璧》中選錄所喜愛者，再加上蕅益大師等古德嘉言輯成《格言別錄》，從這些行為可知，李叔同以至出家後的弘一法師，其對格言式的道德規範，不論是儒家或是釋家，應當還有道家，都是喜愛並認真地自我要求。從他常自反省、常感到慚愧、常常懺悔，又對人講演〈改習慣〉等等，足以見識到李叔同以至弘一法師，在道德修養上的自覺努力，從小至圓寂，終身不輟，故能成就。在文藝上亦然，從他書法上的用功就足以得知他對其他文藝認真對待的態度。因此，李叔同一來外緣條件很好，二來自身天資聰穎，相當有天賦，重要的是，李叔同很努力，不論人格修養方面，文藝學習方面，都是認真地、不懈怠地自我要求，肯下笨工夫紮實地學習，故能成就德行與文藝，值得後世人效法，作世人之模範。

二、書與人

（一）書如其人成立

在書如其人一章中是以成熟期的弘一體，與弘一法師的人格特質作一對比，而在人格特質一節中已具體說明其外形給予人之觀感，以及凡事認真、誠信篤行、行勝於言之內在特質。內在特質可以說是成就其外在給予人之觀感，就好比書家看不見的書法功力、性情個性、心靈境界是藉由其書法而讓人感受體會一般。弘一法師自己所舉出的書風特點：平淡、恬靜、沖逸，也正符合他給予人的觀感，而且還不止這二點而已。就好像他的書法也不止這三項特點，雖然筆者已再多例舉幾位對弘一法師書法與其人之評價，但仍是無法一一說盡。但值得注意的是，這些人的評價不全然只關注於書技書風本身，大多是評論其書法猶如分享其人給予自己的感受體會，彷彿從其字已見其人。因此，以「書如其人」評價弘一法師書法，是完全可以成立的。

（二）書風反映人生

弘一法師書法風格之遞嬗過程，與其一生經歷相對照，天津成長時期是其書藝奠基時期；遷居上海時期聲名顯揚於上海，是其臨古書風開始在報刊發表作品與鬻書潤例，積極走向藝文界，而為人所注目，並得以向上海灘前輩學習指教。留日學藝時期將心力投注在音樂、美術上，相對地在書法上就少有表現，作品量少正反映這現象。歸國執教時期是一展抱負，大顯身手，奮發有為之際，在雜誌編輯上，在教學上都有不少建樹與作為，在這人生最絢爛的時期同時也是書法多產且風格多樣時期。出家以後，致力於戒律與念佛法門，於文藝不復措意，日益成為人們所敬仰懷念的弘一大師，而表現於書法上是使魏碑體書風漸漸消解變改，而形成平淡、疏朗、圓淨的弘一體，至今為人所談論。由是可知，書風遞嬗正如其人生經歷，書風反映人生，可相互參照，此又是書如其人之證明也。

（三）書家品德修養為尚

「書如其人」說有其發展歷史，其中亦不乏不以人品為主甚至是反對的觀點，主張者所持之論見亦各自成理，自是「書如其人」說已是一爭論不休之命題。從李家重視品德之教養，李叔同從小認真遵守奉行，日後任教於杭州，於藝術教學上強調「士先器識而後文藝」的人格教育，至出家後仍主張「應使文藝以人傳，不可人以文藝傳」，甚至認為不管出家人或在家人，「人

以字傳」是一件可恥的事，可見重視道德修養是弘一法師一以貫之的人生態度，儘管出家後於文藝不復措意，卻因其道德修養使其書法境界，達到非思量分別所能解之境界，這境界或許如劉熙載所言，只有志士高人才能與其談論。因此，重視道德修養能使書法境界提昇是肯定地，而且因道德修養能像弘一法師般為人所敬愛，自然會因而寶愛其字，以及他所表現的一切。因此，重視書家品德之「書如其人」觀是值得書家遵行與提倡，有此前提，自然有助於提昇書家書法境界。

引用書目

一、專 書

（一）古 籍（依朝代先後順序排列）

1. 〔戰國〕莊周及其弟子著；〔晉〕郭象注；〔唐〕成玄英疏、陸德明釋文；〔清〕郭慶藩集釋：《莊子集釋》，臺北：臺灣中華書局，1973 年。

2. 〔戰國〕屈原等原著；黃壽祺，梅桐生譯：《楚辭》，臺北市：臺灣古籍，1998 年。

3. 〔漢〕司馬遷撰；〔唐〕張守節正義、司馬貞索隱；〔宋〕裴駰集解：《史記》，臺北：天工書局，1985 年。

4. 〔漢〕揚雄：《法言・問神》，臺北：臺灣中華書局，1983 年。

5. 〔漢〕王充著，黃暉校釋：《論衡校釋》，北京：中華書局，1990 年。

6. 〔漢〕許慎撰；〔清〕段玉裁注：《新添古音說文解字注》，臺北：洪葉文化，1998 年。

7. 〔魏〕何晏注；〔宋〕邢昺疏；朱漢民整理：《論語注疏》二冊，臺北：臺灣古籍，2001 年。

8. 〔魏〕王弼等著：《老子四種》，臺北：臺大出版中心，2016 年。

9. 〔後晉〕張昭・賈緯等撰；黃永年分史主編：《二十四史全譯・舊唐書（全六冊）》，上海：上海漢語大詞典出版社，2004 年。

10. 〔後晉〕劉昫等撰，楊家駱主編：《新校本舊唐書附索引》（五），臺北：鼎文書局，1976 年。

11. 〔宋〕歐陽脩:《歐陽文忠公文集》,上海:上海商務印書館,1965 年。

12. 〔宋〕程頤著:《易程傳》,臺北:文津書局,1987 年。

13. 〔宋〕朱熹著:《四書章句集注》,臺北:大安出版,1999 年。

14. 〔宋〕郭若虛、鄧椿著;潘運告主編;米田水譯注:《圖畫見聞志・畫繼》,長沙:湖南美術出版社,2000 年。

15. 〔宋〕歐陽脩:《歐陽脩全集》,北京:中華書局,2001 年。

16. 〔宋〕歐陽脩撰;黃永年分史主編:《二十四史全譯・新唐書(全八冊)》,上海:上海漢語大詞典出版社,2004 年。

17. 〔宋〕蘇軾:《東坡題跋》,杭州:浙江人民美術出版社,2016 年。

18. 〔宋〕蘇軾撰;陳友祥校注:《東坡題跋校注》,上海:上海遠東出版社,2011 年。

19. 〔明〕傅山:《霜紅龕集》,臺北:漢華文化,1971 年。

20. 〔清〕沈家本修・徐宗亮纂:《天津府志》(清光緒廿五年刊本景印本精裝十二冊河北方志之一),臺北:臺灣學生書局,1968 年 6 月景印初版。

21. 〔清〕孫希旦撰;沈嘯寰、王星賢點校:《禮記集解》,北京:中華書局,1998 年。

22. 〔清〕王昱:《東莊論畫一卷》,上海:上海古籍出版社,2002 年。

23. 〔清〕劉熙載著;鄒鞞注評:《劉熙載・書概》,南京:江蘇美術出版社,2008 年。

(二)近人專著(依出版先後順序排列)

1. 夏丏尊:《晚晴山房書簡》,上海:開明書局,1944 年。

2. 中國人民政治協商會議天津市委員會文史資料研究委員會編:《天津文史資料選輯》十二冊,天津:天津人民出版社,1978 年起。

3. 黃簡主編;華東師範大學古籍整理研究室選編校點:《歷代書法論文選》,上海:上海書畫出版社,1979 年。

4. 牛仰山編:《中國近代文學論文集・戲劇、民間文學卷》,北京:中國社會科學出版社,1982 年。

5. 弘一大師輯:《弘一大師格言別集》,臺北:天華出版社,1982 年。

6. 許常惠:《中國音樂史話》,臺北:百科文化事業公司,1982 年。

7. 陳恭祿:《中國近代史資料概述》,北京:中華書局,1982 年。

8. 高文顯編著：《韓偓》，臺北：新文豐，1984 年。

9. 張光賓編著；中華文化復興運動推行委員會「中國之科學與文明」編譯委員會主編：《中華書法史》，臺北：臺灣商務印書館，1984 年。

10. 吳虞著；趙清、鄭城編：《吳虞集》，成都：四川人民出版社，1985 年。

11. 孫常煒：《蔡元培先生的生平及其教育思想》，臺北：臺灣商務印書館，1986 年。

12. 來新夏主編《天津近代史》，南開大學，1987 年。

13. 郭紹虞、羅根澤主編：《中國近代文論選》，臺北：木鐸書局，1988 年。

14. 金智學：《書法美學談》，臺北：華正書局，1989 年。

15. 新文豐出版公司編輯部編：《叢書集成續編》，臺北：新文豐出版社，1989 年。

16. 羅竹風主編：《漢言大詞典‧第三卷》，上海：漢語大詞典出版社，1989 年。

17. 王運熙、顧易生主編；顧易生、蔣凡著：《中國文學批評通史之一：先秦兩漢文學批評史》，上海：上海古籍出版社，1990 年。

18. 韋政通：《儒家與現代中國》，上海：上海人民出版社，1990 年。

19. 豐子愷著；豐陳寶、豐一吟、豐元草編：《豐子愷文集》，杭州：浙江文藝，1990～1992 年。

20. 張春興：《現代心理學》，臺北：東華書局，1991 年。

21. 《弘一大師全集》編輯委會編：《弘一大師全集》，福建：福建人民出版社，1992 年。

22. 夏丏尊原編；曾議漢增編：《永遠的弘一法師》，臺北：帕米爾書店，1992 年。

23. 李向平：《救世與救心──中國近代佛教復興與思潮研究》，上海：上海人民出版社，1993 年。

24. 李芳遠編：《弘一大師文鈔》，臺北：天華出版，1993 年。

25. 陳振江：《新編中國通史》第三冊，福建：福建人民出版社，1993 年。

26. 楊家駱編著：《史記今釋》，臺北：正中書局，1993 年。

27. 樂心龍、戴小京主編：《弘一法師書法集》，上海：上海書畫社，1993 年。

28. 陳星：《芳草碧連天：弘一大師傳》，臺北：業強出版社，1994 年。

29. 陳星：《天心月圓‧弘一大師傳》，濟南：山東畫報出版社，1994 年。

30. 陳星：《李叔同歌曲尋繹》，臺北：世界文物出版社，1994 年。

31. 鄧子美：《傳統佛教與中國近代化──百年文化衝撞與交流》，上海：華東師範大學，1994 年。

32. 余德泉編著：《簡明書法教程》，湖南：湖南美術出版社，1995 年。

33. 張春興：《張氏心理學辭典》，臺北：東華書局，1995 年。

34. 陳仲庚、張雨新：《人格心理學》，臺北：五南圖書，1995 年。

35. 馬一浮撰；丁敬涵校點：《馬一浮集》，浙江古籍出版社、浙江教育出版社，1996 年。

36. 陳慧劍：《弘一大師論》，臺北：東大圖書，1996 年。

37. 雄獅美術編：《弘一法師翰墨因緣》，臺北：雄獅美術出版社，1996 年。

38. 葉慶炳先生《晚鳴軒論文集‧詩品與人品》，臺北：大安出版社，1996 年。

39. Jerry M. Burger 著；林宗鴻譯：《人格心理學》，臺北：揚智，1997 年。

40. 李長莉、閔杰、羅檢秋：《近代中國社會文化變遷錄》三冊，杭州：浙江人民出版社，1998 年。

41. 陳慧劍編：《弘一大師有關人物論文集》，臺北：弘一大師紀念學會印贈，1998 年。

42. 黃希庭：《人格心理學》，臺北：東華書局，1998 年。

43. 于玉安編：《中國歷代書法論著匯編》，天津市：天津古籍出版，1999 年。

44. 燕國材主編：《中國古代心理學思想史》，臺北：遠流圖書，1999 年。

45. 黃堅厚：《人格心理學》，臺北：心理出版社，1999。

46. 劉恒：《中國書法史‧清代》，南京：江蘇教育出版社，1999 年。

47. 季伏昆編著：《歷代書論輯要》，南京：江蘇美術出版社，2000 年。

48. 陳振濂：《近代中日繪畫交流史比較研究》，合肥：安徽美術出版社，2000 年。

49. 黃霖等著：《中國古代文學理論體系：原人論》，上海：復旦大學，2000 年。

50. 楊鑫輝：《心理學通史》，山東：山東教育出版社，2000 年。

51. 田濤：《百年家族──李叔同》，臺北：新緒文化出版社，2001 年。

52. 曹布拉主編：《弘一大師藝術論》，杭州：西泠印社，2001 年。

53. 陶明君編：《中國書論辭典》，長沙：湖南美術出版社，2001 年。

54. Robert M. Liebert & Lynn Langenbach Liebert 著；張鳳燕、楊妙芬、邱珍琬、蔡素紋譯：《人格心理學——策略與議題》，臺北：五南圖書公司，2002 年。

55. 王伯敏等編：《書學集成》，河北：河北美術出版社，2002 年。

56. 方愛龍：《殷紅絢彩——李叔同傳》（上海：上海書畫出版社，2002 年。

57. 李長莉：《晚清上海社會的變遷——生活與倫理的近代化》，天津：天津人民出版社，2002 年。

58. 李雲漢：《中國近代史》，臺北：三民書局，2002 年。

59. 李萬才：《海上畫派》（長春：吉林美術出版社，2002 年。

60. 徐正綸編著：《弘一大師詩詞全解》，臺北：東大圖書，2002 年。

61. 陳振江、江沛主編：《晚清民國史》，臺北：五南圖書，2002 年。

62. 陳兵、鄧子美合著：《二十世紀中國佛教》，臺北：現代禪，2003 年。

63. 金梅：《李叔同影事》，天津：百花文藝出版社，2004 年。

64. 徐復觀：《中國藝術精神》，上海：華東師範大學出版社，2004 年。

65. 盧廷清：《書藝珍品賞析‧兩宋系列‧蘇軾》，臺北：石頭出版社，2004 年。

66. 王克文：《書藝珍品賞析‧兩宋系列‧黃庭堅》，臺北：石頭出版社，2004 年。

67. 潘運告主編；云告譯著：《晚清書論》，長沙：湖南美術出版社，2004 年。

68. 黃清源主編：《弘一大師圓寂六十二周年紀念文集》，臺北：中華閩南文化研究會，2004 年。

69. 王文科、王智弘著：《教育研究法》，臺北：五南圖書，2007 年。

70. 方平：《晚清上海的公共領域（1895～1911）》，上海：上海人民出版社，2007 年。

71. 張家梅：《言意之辨與魏晉美學話語生成》，長沙：岳麓書社，2007 年。

72. 上海書畫出版社編：《二十世紀書法研究叢書‧品鑑評論篇（修訂本）》，上海：上海書畫出版社，2008 年。

73. 王建光：《中國律宗通史》，南京：鳳凰出版社，2008 年。

74. 侯秋東主編：《弘一大師人格與思想論文集》，臺北：弘一大師紀念學會，2008 年。

75. 汪鳳炎、鄭紅：《中國文化心理學》，廣州：暨南大學出版社，2008 年。

76. 陳揚炯：《中國淨土宗通史》，南京：鳳凰出版社，2008 年。

77. 王鎮遠：《中國書法理論史》，上海：上海古籍出版社，2009 年。

78. 中國教育學會書法教育專業委員會編：《近現代書法史》，天津：天津古籍出版社，2009 年。

79. 李剛田、馬士達主編：《篆刻學》，南京：江蘇教育出版社，2009 年。

80. 林子青：《弘一大師新譜》，臺北：東大圖書，2009 年。

81. 聖嚴法師著，釋會靖譯：《明末中國佛教之研究》，臺北市：法鼓文化，2009 年。

82. 曾紅：《儒道佛理想人格的融合——中國文化心理結構》，濟南：山東教育出版社，2010 年。

83. 錢鍾書：《談藝錄》，北京：商務印書館，2011 年。

84. 秦啟明：《弘一大師新傳》，南京：江蘇人民出版社，2012 年。

85. 徐中玉主編；陸海明等選編：《中國古代文藝理論專題資料叢刊（第四冊）：風骨‧才性‧情志‧知音編》，北京：中國社會科學出版社，2013 年。

86. 李叔同著；雷燕青編：《中國人的禪修》，北京：金城出版社，2014 年。

87. 馬文戈：《李叔同：名如何愛如何生命該如何》，北京：中國言實出版社，2015 年。

88. 梁啟超：《飲冰室合集》（典藏版：全 41 冊），北京：中華書局，2015 年。

89. 李鳳池：《與弘一大師對話的日子》，北京：台海出版社，2016 年。

90. 張海聲編著：《近代中國文化概論》，桃園：昌明文化出版社，2016 年。

91. 曾議漢編：《人間愛晚晴——弘一大師詩文鈔》，臺北：商周出版社，2016 年。

二、單篇論文（依刊登先後順序排列）

1. 吳本一〈白馬湖晚晴山房與弘一大師的修養及感化〉(1)～(2)，《浙江月刊》第二、三期，1972 年 2 月、3 月，頁 20～22、頁 14～16。

2. 徐復觀：〈儒道兩家思想在文學中的人格修養問題〉，《海外學人》第 103 期，1981 年 2 月，頁 2～10。

3. 鄧曉芒：〈人格辨義〉，《江海學刊》第 3 期總第 141 期，1989 年 5 月，頁 121～122。

4. 江燦騰：〈期待另一本新的弘一大師傳──弘一大師傳記的學術檢討〉，《當代》第七十九期，1992 年 11 月，頁 134～141。

5. 秦啟明〈編修年譜要實事求是──評林子青《弘一大師新譜》〉，《中國文哲研究期刊》第八期，1996 年 3 月，頁 55～103。

6. 李璧苑：〈弘一大師書法風格之研究〉，《美育月刊》第 79 期，1997 年 1 月，頁 1～22。

7. 蘭娟娟〈弘一法師「悲欣交集」的筆意〉，《四川文物》1998 年 05 期，1998 年 10 月，頁 49～50。

8. 金梅：〈李叔同人格力量之表現〉，《文學自由談》，2001 年 01 期，2001 年 1 月，頁 134～143。

9. 黃愛華：〈李叔同早期戲劇活動考論〉，《上海戲劇學院學報》，2001 年第 3 期（總 101 期），2001 年 3 月，頁 50～58。

10. 陳星：〈第四屆海峽兩岸弘一大師德學會議概述〉，《普門學報》第 6 期，2001 年 11 月，頁 1～6。

11. 蔣寅〈文如其人？──一個古典命題的合理內涵與適用限度〉（《求是學刊》第 6 期，2001 年 11 月，頁 82～89。

12. 方愛龍：〈隸法見山：關於李叔同早期隸書作品的考察報告〉，《杭州師範學院學報（社會科學版）》2003 年第 1 期，2003 年 1 月，頁 66～69。

13. 吳聰敏：〈人品與書品的統一──以弘一大師的書藝為例〉，《國立台中護理專科學校學報》第三期，2004 年 9 月，頁 105～124。

14. 陳永革：〈論弘一大師的信仰特質及淵源〉，《杭州師範學院學報（社會科學版）》，2004 年第 3 期，頁 77～80。

15. 曹布拉：〈論李叔同的文化性格〉，《杭州師範學院學報（社會科學版）》，2004 年第 1 期，2004 年 1 月，頁 76～80。

16. 劉士剛：〈翰墨競秀　名手如林──近現代天津書壇略述〉，《收藏家》，2006 年第 3 期，2006 年 3 月，頁 65～70。

17. 方愛龍：〈隸法見山：關於兩件李叔同早期隸書作品的考察報告〉，《杭州師範學院學報（社會科學版）》，2008 年第 1 期，頁 66～69。

18. 李敏榮：〈弘一大師的人格特徵初探〉，《寧夏師範學院學報（社會科學）》第 30 卷第 5 期，2009 年 10 月，頁 113～116。

19. 楊江波〈弘一法師「悲欣交集」與其書法涅槃境界〉,《美術界》2010 年 07 期,2010 年 7 月,頁 88。

20. 海波〈「悲欣交集」——弘一法師生死觀探秘〉,《西北大學學報（哲學社會科學版）》,2010 年 06 期,2010 年 11 月,頁 27～31。

21. 萬里:〈從「悲欣交集」看弘一法師與蕅益智旭的佛學淵源與路徑〉,《世界宗教文化》2010 年第 6 期,2010 年 12 月,頁 34～39。

22. 陳鴻文:〈空白的美感〉,《美育雙月刊》183 期,2011 年 9/10 月,頁 82～85。

23. 歐陽長橋:〈新發現李叔同山水畫及其意義〉,《收藏家》,2012 年 01 期,2012 年 1 月,頁 26～30。

24. 林長紅:〈弘一大師人格與藝術精神對閩台文化交流的現代意義〉,《黎明職業大學學報》,第 3 期（總第 80 期）,2013 年 9 月,頁 5～24。

25. 李莉娜:〈津門書家華士奎與嚴修〉,《中國書法》2014 年 08 期（總 256 期）,2014 年 8 月,頁 190～191。

26. 顧柯紅:〈弘一書法空間意象摭議〉,《東方藝術》2014 年 20 期,2014 年 10 月,頁 8～57。

27. 方愛龍:〈弘一書風分期問題再探討〉,《中國書法》2015 年 07 期（總 267 期）,2015 年 7 月,頁 22～47。

28. 陳飛鵬〈「悲欣交集」解讀〉,《中國書法》2015 年 13 期,總 267 期,2015 年 7 月,頁 63～67。

29. 江盈盈:〈李叔同藝術精神與人格教育思想探討〉,《海峽教育研究》2016 年第 1 期,2016 年 1 月,頁 55～63。

30. 陳秋宏:〈「書如其人」觀再議〉,《文與哲》第 30 期,2017 年 6 月,頁 23～72。

31. 李垚辰:〈李叔同油畫《自畫像》研究的新發現〉,《美育學刊》2017 年第 3 期第 8 卷（總第 40 期）,2017 年 3 月,頁 59～64。

32. 黃漫遠、劉丙元:〈中國傳統書院人格教育的歷史意蘊與德育價值〉,《當代教育科學》2017 年第 7 期,2017 年 7 月,頁 16～22。

33. 柯文輝:〈靈機內斂清風外流——論弘一的書法〉,《書法》2017 年第 9 期,2017 年 9 月,頁 56～67。

34. 王偉：〈蔡元培美育觀與李叔同藝術教育理念比較〉，《淮北師範大學學報（哲學社會科學版）》第 38 卷第 6 期，2017 年 12 月，頁 60～64。

35. 江小敏〈細讀弘一大師之「悲欣交集」〉，《美育學刊》2018 年第 1 期，第 9 卷，總第 44 期，2018 年 1 月，頁 83～93。

36. 錢江鴻：〈從《音樂小雜誌》談李叔同的裝幀美學思想〉，《美育學刊》，2018 年第 4 期，第 9 卷，總第 47 期，2018 年 4 月，頁 115～120。

37. 董姣姣：〈論李叔同「先器識而後文藝」的藝術教育思想〉，《美與時代（中），Beauty & Times》，2018 年 07 期，2018 年 7 月，頁 85～86。

38. 周延：〈弘一法師書法風格的分期及演變〉，《中華書畫家·傳世經典》2018 年第 10 期（總 108 期），2018 年 10 月，頁 11～67。

39. 劉抗洪：〈獨門蘇體秀津城——試論趙元禮其人其書〉，《書法》2018 年第 10 期，2018 年 10 月，頁 112～115。

40. 潘梓輝：〈芳草長亭：李叔同的油畫珍品〉，《東方收藏》2018 年 22 期，2018 年 12 月，頁 18～19。

41. 錢惠子：〈書為心畫——從心理學角度淺析「弘一體」風格的演變〉，《教師教育》第 13 期，2020 年，頁 3～4。

42. 歐陽長橋：〈新發現的李叔同山水畫及其意義〉，《收藏家》2012 年 01 期，2021 年 1 月，頁 26～30。

43. 王芳、楊磊：〈李叔同書畫作品收藏流散及研究情況綜述〉，《收藏家》2021 年 08 期，2021 年 8 月，頁 27～32。

44. 張荀：〈李叔同的「人格美育」思想與實踐探析〉，《美育研究》2021 年 06 期第 12 卷總第 67 期，2021 年 6 月，頁 55～62。

45. 劉天華：〈溟滅點畫與書風創化——試論「弘一體」風格特徵及成因〉，《美術研究》第 67 期，2021 年 2 月，頁 64～67。

三、學位論文（依年代先後順序排列）

1. 李璧苑：《弘一大師出家前後書法風格之比較》，文化大學藝術研究所美術組碩士論文，1994 年。

2. 黃嬰如：《弘一法師及其書法研究》，國立彰化師範大學國文研究所碩士論文，2005 年。

3. 涂昌裕：《一葉一如來——弘一法師美育特質啟迪書藝創作之研究》，華梵大學美術學系碩士班，2012 年。

4. 楊貴梅:《李叔同書法研究》,國立高雄師範大學國文學系國文教學碩士論文,2016 年。

5. 李淑瑜:《弘一法師寫經書法研究》,國立高雄師範大學國文學系書法教學碩士班,2017 年。

6. 李錫利:《弘一大師書法藝術研究——試以寫經、書簡及護生畫集題字為例》,國立高雄師範大學國文學系書法教學碩士班,2019 年。

四、網路資源

1. 「弘一大師紀念學會——社團法人」: https://www.facebook.com/master Hongyi,2018/06/17。

2. 弘一大師弘法資料平台｜一輪明月　弘一法師｜Facebook: https://www.facebook.com/groups/1689775191245294/posts/2327853824104091/,2018/07/15。

3. 傅金星:〈談弘一為李贄像題贊〉,《國學文化‧泉南書院》,2020 年 11 月,網址: http://astrologs.net/a/9J8wVdab0d/,2019/01/26。

4. 明誠居士:〈悲欣交集見觀經——弘一法師命終絕筆新解〉,「顯密文庫」網站,網址: http://read.goodweb.net.cn/news/news_view.asp?newsid=78797,2019/04/27。

附　錄

附錄一　一九九〇年起弘一大師文學傳記小說例舉

年　代	作　者	書　名
1993	徐星平	《弘一大師》
1994	陳星	《芳草碧連天——弘一大師傳》
1995	劉心皇	《弘一法師新傳：從藝術家李叔同到高僧弘一法師》
1996	陳星	《弘一大師新傳——對失意人莫談得意事》
1997	金梅	《悲欣交集——弘一大師傳》
2001	田濤	《百年家族——李叔同》
2001	潘弘輝	《夕陽山外山：李叔同傳奇》
2002	方愛龍	《殷紅絢彩——李叔同傳》
2002	蘇遲	《李叔同》
2004	陳星	《藝術人生——走近大師李叔同》
2007	梁靜	《傾聽大師李叔同》
2009	王湜華	《一輪明月耀星空——弘一大師李叔同的後半生》
2011	陳星	《天心月圓——弘一大師傳》
2012	蔣心海	《半世文人半世僧：李叔同》
2016	李鳳池	《與弘一大師對話的日子》
2016	馬文戈	《李叔同——名如何　愛如何　生命該如何》

資料來源：依成大圖書館館藏目錄檢索；嚴崑晉製表，2018 年 9 月。

附錄二 弘一法師文獻資料與相關建設一覽表

一、四〇年代至六〇年代相關弘一法師之文獻與建設

遺 著		
年　代	書　　名	編者／出版處
1944	《晚晴山房書簡（第一輯）》	上海開明書局
1946	《弘一大師文鈔》	上海大法輪書局
1955	《律學講錄三十三種合訂本》《南山律在家備覽略篇》	上海普慧大藏經會
1964	《南山律苑文集》	新加坡溈葡院
1964	《四分律行事鈔資持記扶桑集釋》	香港法界學苑
演講錄		
1943	《晚晴老人演講錄》	上海開明書局
1962	《弘一大師講演續錄》	香港法界學院
紀念性刊物		
1943	《弘一大師永懷錄》	「弘一大師紀念會」蒐輯上海開明書局出版
1943	《弘一大師生西紀念特刊》	泉州開元寺兒童教養院舉辦「弘一大師生西百日追悼會」
相關建設		
1954	杭州虎跑寺弘一大師舍利塔	由豐子愷、葉聖陶、錢君匋等人發起
1958	泉州開元寺尊勝院弘一法師紀念館	陳列遺墨、照片故居遺物

二、八〇年代至九〇年代所出版之弘一法師遺著

年　代	書　　名	編者／出版處
1984	《韓偓傳》	弘一大師、高文顯臺灣新文豐出版社
1987	《弘一大師遺墨》	北京夏宗禹華夏出版社
1988	《李叔同——弘一法師》	天津市政協文史資料研委會與天津市宗教志編委會天津古籍出版社

1990	《弘一法師書信》	臺灣林子青編注 北京三聯書店
1990	《弘一大師書信手稿選集》	劉雪陽與豐子愷合編 山西古籍出版社

三、九〇年代相關弘一法師之文獻與建設

紀念性刊物		
年　代	書　名	紀念活動
1980	《弘一法師》	弘一法師書畫金石音樂展
1986	《弘一法師在惠安》	泉州惠安、淨峰寺設立弘一法師紀念室
1990	《晚晴鴻爪錄》	弘一大師誕生一百一十周年
1990	《李叔同——弘一大師歌曲全集》錄音帶出版發行	弘一大師誕辰一百一十週年
1991	《弘一大師永懷錄新篇》	未詳
1992	《弘一大師全集》	弘一大師圓寂五十周年會
相關建設		
年　代	設施名稱	地　點
1980	弘一法師塔院 弘一法師紀念館 楊勝南居士為撰〈塔志〉	泉州北郊清源山彌陀巖
1984	李叔同紀念館	杭州虎跑寺
1990	弘一書法碑林	天津，李載道施資建立 弘一大師誕辰一百一十周年
1991	重建「晚晴山房」	浙江白馬湖

資料來源：業露華〈九十年代弘一大師之研究〉、林子青《弘一大師新譜·譜後》、《弘一大師全集·前言》，嚴崑晉製表 2019 年 12 月。

附錄三　心理學者對人格定義之例舉

心理學者	人格定義
Allport（1961）	人格是一個人內在心理生理系統的動態組織，它決定了此人所特有的思想和行為。（《人格心理學：策略與議題》）
Cattell（1950）	人格是可於特定情境中預測一個人之作為者。它關切個人的所有行為，包括外在與內在行為。（《人格心理學：策略與議題》）
Sullivan（1953）	人格是人際情境（此可賦予人類生命特色）中相當持久的組型。（《人格心理學：策略與議題》）
Eysenck（1965）	人格是個人個性、氣質、智力、體格的較穩定與持久之組織，它決定個人對環境的獨特調適。（《人格心理學：策略與議題》）
E. Jerry Phares（1994）	人格是一組具有特徵的思想、感情和行為模式，它可以區分每個人和他人之不同，而且在不同的時間和情境中具有持久性。（《人格心理學》）
Pervin & John（1997）	人格是指形成一個人情感、思想及行為經常型式的那些特性。（《人格心理學：理論與研究》）
Phares & Chaplin（1997）	人格是一個人思想、情感及行為的特有模式，它和另一個人的型式不相同；並且在不同時間和情境中維持一致。（《人格導論》）
Jerry M. Burger（1997）	人格是源自個體內一致的行為模式和內在歷程。（《人格心理學》）
Duane Schultz & Sydney Ellen Schultz（1998）	人格是一組持久而獨特的個人特質之集合，它可以因應不同情境而變化。（《人格理論》）
Robert M. Lerbert & Lynn Langenbach Liebert（2002）	人格是某一個體身心之獨特、動力組織，它影響個人對社會與物理環境的行為與反應。在這些特性中，有些是此人完全獨有的（如記憶、習慣、怪癖），有些則與一些人、許多人或其他人所共有。（《人格心理學：策略與議題》）
余昭（1977）	人格是一個人在成長中與適應社會生活中，對人、對己、對各種事、物上個人特具的感受、認知與習慣反應（行為）的綜合。這種種特有的感受、認知與行為的模式是由其個人的遺傳、成熟、環境與學習等因素交互作用下所形成。（《人格心理學》）
張春興（1991）	人格是個體在對人對己及一切環境中事物適應時所顯示的異於別人的性格；個體的性格，係在遺傳與環境交互作用下，由逐漸發展的心理特徵所構成；而其心理特徵表現於行為時，則具有相當的統合性與持久性。（《現代心理學》）

	人格是指個體對其生活歷程中對人、對事、對己以往對整體環境適應時，所顯現的獨特個性。此一獨特個性，係由個體在其遺傳、環境、成熟、學習等因素交互作用下，表現於需要、動機、興趣、能力、性向、態度、氣質、價值觀念、生活習慣以至行動等身心方面多重特質所組成。(《張氏心理辭典》)
楊國樞（1993）	人格是個體與其環境交互作用的過程中所形成的一種獨特的身心組織，而此一變動緩慢的組織使個體適應環境時，在需要動機、興趣、態度、價值觀念、氣質、性向、外形及生理等諸方面，各有其不同於其他個體之處。(《人觀、意義與社會‧劉邵的人格特質及其詮釋》)
黃希庭（1998）	人格是個體在行為上的內部傾向，它表現為個體適應環境時在能力、情緒、需要、動機、興趣、態度、價值觀、氣質、性格和體質等方面的整合，是具有動力一致性和連續性的自我，是個體在社會化過程中形成的、給人以特色的心身組織。(《人格心理學》)

資料來源：見定義後之書目。嚴崑晉製表，2020 年 12 月。